SAGGISTICA 30

Mediterranean Memories
Memorie Mediterranee

Mediterranean Memories
Memorie Mediterranee

Edited by
Antonio C. Vitti
Anthony Julian Tamburri

Bordighera Press

Library of Congress Control Number: 2019937314

© 2019 by the Authors

All rights reserved. Parts of this book may be reprinted only by written permission from the author, and may not be reproduced for publication in book, magazine, or electronic media of any kind, except for purposes of literary reviews by critics.

Printed in the United States.

Published by
BORDIGHERA PRESS
John D. Calandra Italian American Institute
25 West 43rd Street, 17th Floor
New York, NY 10036

SAGGISTICA 30
ISBN 978-1-59954-142-6

Table of Contents

Antonio Vitti & Anthony Julian Tamburri • "Prefazione" (ix)

Mario Inglese • "La Sicilia vista da un'espatriata: la narrativa di Simonetta Agnello Hornby" (1)

Davide Italia • "Calvino, la Riviera ligure e il Mediterraneo: Prove di realismo" (19)

Mauro Mangano • "Sradicamenti immemorabili: ovvero di come la cultura del mediterraneo si fondi su "memorie" che costruiscono identità nomadi, proiezione di sradicamenti e ricerche, piuttosto che affermazioni di "radici" e tradizioni" (27)

Cinzia Marongiu • "Border-crossing Madonna: Religious Images and Multi-Ethnic Coalition in Kym Ragusa's *The Skin between Us*" (37)

Paola Nigro • "La trasmissione della cultura scientifica nel Mediterraneo: il *Regimen sanitatis salernitanum* tra edizioni, ristampe e *ars medica*" (49)

Ilaria Parini • "Spaghetti and Guns: Food in Hollywood Mafia Movies" (65)

Daniela Privitera • "Poetica e politica del Mediterraneo: luce e lutto di un mare eterno" (83)

Rosario Giovanni Scalia • "Cultura classica e pensiero meridiano: dal Mediterraneo degli Antichi a Franco Cassano" (93)

Maria Rosaria Vitti-Alexander • "Mare mediterraneo come memoria individuale e collettiva" (105)

Antonio Carlo Vitti • "Memorie di celluloide per i 70 anni del film di Peppe De Santis" (113)

Daniela Bombara • "Oltre la Sicilia *letteraria*. I romanzi di Giuseppe Rizzo" (127)

Maria Laùdani • "Ambienti reali ed immaginari del Mediterraneo greco e bizantino: alcune ἐκφράσεις letterarie" (147)

Roberta Maugeri • "Griselda e ser Ciappelletto, due opposti che si toccano nel contesto mediterraneo del *Decameron*" (175)

Index (187)

Prefazione

Passati ormai undici anni dal nostro primo incontro ad Erice e otto dalla nascita della Fondazione del MCIS, *Mediterranean Center for International Studies*, questa nuova raccolta di saggi presentati al convegno del 2018, continua il dialogo tra studiosi che operano in tre continenti diversi e che a maggio da otto anni si confrontano su argomenti e su temi relativi a qualsiasi aspetto della cultura mediterranea.

Ogni anno un buon numero degli studiosi sono ormai veterani di anni precedenti; tornano in anni successivi per poter continuare a partecipare a questa conversazione annuale. Tornano o per presentare una continuazione se non perfino una netta e chiara evoluzione del lavoro già presentato nel passato oppure si ripresentano in anni successivi per poter proporre addirittura del lavoro nuovo. In altri casi, invece, i congressisti costituiscono delle voci nuove in quanto è il loro primo intervento all'incontro ericino.

Nel complesso, si sta realizzando di anno in anno una piattaforma che ospita voci di diverse tonalità per quanto riguarda la concezione di ciò che significa il Mediterraneo. Le voci polifoniche a loro volta provengono da interrogazioni intellettuali variegate. In questo volume, ad esempio, si parla del legame tra le antichità e il pensiero di Cassano; si discute del cinema e la rappresentazione del problema sociale; si esamina intanto come la letteratura del tardo novecento possa riflettere un pensiero meridiano, anche dalle opere di uno scrittore torinese; oppure, nel varcare la soglia geo-culturale italiana, si interroga in che modo il pensiero mediterraneo possa figurarsi nelle opere degli scrittori bi-culturali, che in questa sede sono due donne, da un lato un'italiano/inglese e dall'altro un'italiano/americana.

Tale varietà della raccolta, il contenuto poli-tematico all'interno dell'ambito mediterraneo, e la ricorrente partecipazione di studiosi già affermati evidenziano e, al tempo stesso, mettono in rilievo il nostro impegno e desiderio di costruire un dialogo attraverso la diversità e la ricchezza multiculturale della cultura mediterranea.

Questo nuovo volume sottolinea lo scopo della nostra organizzazione nel promuovere il dialogo e l'indagine accademica per un futuro più equo e sostenibile per tutti.

Antonio C. Vitti *Anthony Julian Tamburri*
Bloomington, IN, marzo 2019 *New York, NY, marzo 2019*

LA SICILIA VISTA DA UN'ESPATRIATA
La narrativa di Simonetta Agnello Hornby

Mario Inglese
PHD, NATIONAL UNIVERSITY OF IRELAND–GALWAY

L'obiettivo di questo lavoro è quello di identificare nei romanzi di ambiente siciliano di Simonetta Agnello Hornby istanze profonde di presa di coscienza, in primo luogo da parte delle protagoniste femminili. Queste ultime danno voce a rivendicazioni di giustizia, di 'risarcimento', in ultima analisi a un desiderio di *empowerment* nei confronti di ogni forma di condizionamento o subalternità. La Sicilia offre, in tale contesto, il vivido scenario in cui tali dinamiche si estrinsecano con forza prorompente.

"'Tutto il mondo è Sicilia', aveva risposto [Sciascia, nda] in un'occasione a uno dei suoi intervistatori, e diceva qualcosa di doppiamente fondamentale: che dalla conoscenza di ciò che abbiamo più vicino si può conoscere il tutto, e il chiaroscuro dell'ordine e del disordine sotterranei è ormai diventato universale", così ha dichiarato Manuel Vásquez Montalbán[1]. Come scrive Salvatore Ferlita, a proposito dell'esistenza di tante province letterarie e riprendendo Borges, "la geografia, quando la si rivisita e la si riscopre, spesso alla fine ha a che fare con il nostro destino, con la nostra vita, con l'esistenza del singolo individuo"[2]. Come dire che la prospettiva apparentemente asfittica di chi ha scelto di circoscrivere il proprio campo di azione narrativo all'interno di una precisa collocazione geografica può, invece, non solo generare "uno sguardo che faccia nuove tute le cose" (17) ma addirittura il 'provincialismo' finisce per costituire una "garanzia di autenticità" (15). Ferlita non dimentica, anche in questo tipo di analisi, di riconoscere il magistero di Sciascia per quella sua speciale capacità di operare uno scatto che dal locale ci proietta in una dimensione altra, universale, persino 'metafisica'. Per questo il critico è in grado di affermare che "la provincia può diventare intelligenza del mondo, sguardo marginale, che cambia rotta

---

[1] Manuel Vásquez Montalbán, *La sicilia metafora del mondo*, in AA.VV., *La Sicilia, il suo cuore. Omaggio a Leonardo Sciascia*, Palermo, Kalós, 2011, p. 43.
[2] Salvatore Ferlita, *La provincia letteraria palermitana*, Palermo, Provincia Regionale di Palermo, 2007, p. 10.

rispetto all'ordinario, al quotidiano, per volgersi invece verso l'inatteso, il lontano" (18).

Agnello Hornby sa bene di inserirsi nel solco di una onerosa tradizione di scrittori siciliani che hanno contribuito a fare grande la letteratura italiana di fine Ottocento e del Novecento. E sa bene che, scrivendo storie che, in definitiva, inscenano la graduale presa di coscienza del valore di sé da parte di donne e uomini, ovverossia storie di *empowerment*, si immerge in un humus che costituisce una sorta di DNA culturale irrinunciabile e in cui si muove con disinvoltura. Certo, a volte è difficile per uno scrittore reggere il confronto con grandi autori che l'hanno preceduto, anche perché, osserva ancora Ferlita, in riferimento agli ultimi due secoli, "gli epicentri letterari italiani sono appunto quelli periferici. Il Piemonte, la Lombardia, Trieste e la Sicilia sono depositari di una egemonia intellettuale, di un vero e proprio primato delle lettere che fa impallidire la Toscana [...]" (18). In questo contesto la Sicilia, terra geograficamente marginale rispetto al resto dell'Italia, proprio perché isola aperta in ogni direzione, verso ogni punto cardinale, diventa una sorta di imbarcazione che naviga verso il mondo, prosegue Ferlita citando Dominque Fernandez (19)[3].

Detto questo, non si può disconoscere la tentazione, il pericolo persino, di rinforzare una sorta di 'essenzialismo' siciliano, secondo il quale la cultura e la storia siciliane, e la letteratura di cui si nutre e che la rappresenta, siano caratterizzate da una specificità, un'inamovibilità che, pur confermandone l'indubbio fascino, le relega a manifestazioni di esotismo interno nei riguardi della cultura e della letteratura nazionale (e internazionale). Per Matteo Di Gesù si tratta di rivisitare talune posizione critiche, spesso cristallizzate, sugli scrittori siciliani al fine di evitare, appunto, ogni forma di stereotipizzazione. È per questo che lo studioso può affermare:

> Se [...] si accetta l'assunto secondo il quale l'esigenza di postulare una questione identitaria è stata avvertita dagli autori siciliani a partire dall'incontro/scontro con l'altro—che nel loro caso aveva le sembianze

---

[3] Ferlita ricorda che, se nell'Ottocento Catania detiene il primato letterario dell'isola, "Palermo oscurerà del tutto Catania in pieno Novecento, con autori del calibro di Tomasi di Lampedusa, Eduardo Cacciatore, Lucio Piccolo, Antonio Pizzuto, Angelo Fiore, Carmelo Samonà, Angelo Maria Ripellino" (22).

della nuova entità statuale piemontese e delle sue classi dirigenti—probabilmente gli studi culturali e postcoloniali, per la parte più convincente e fondata della loro proposta metodologica di critica dei modelli discorsivi egemonici e nella loro efficacia di dispositivo destrutturante potrebbero propiziare una rivisitazione dei processi con i quali è stata costruita per via letteraria nella modernità italiana, la cognizione stessa del Meridione e della sua identità, e più specificamente di quella siciliana[4].

Come accade negli scrittori irlandesi, l'insistenza sulla geografia locale—intesa anche come antropologia e storia—produce rappresentazioni valide non tanto perché rispecchiano un mondo che l'autore conosce a fondo ma in quanto si rivelano paradigmatiche di complesse dinamiche di interazione con ciò che sta fuori di esse e con processi riconducibili a una dimensione non tanto metastorica quanto sovranazionale, universale. Secondo Di Gesù un approccio agli scrittori siciliani oggi dovrebbe tenere conto di una modalità, un atteggiamento da parte di chi li legge e studia che si può sintetizzare in quanto scrive il critico stesso:

> Gli autori siciliani possono essere letti non riducendo la complessa e contraddittoria immagine della Sicilia moderna che hanno saputo tracciare a uno stereotipo identitario, indagandola piuttosto nella sua ininterrotta dialettica con la storia e la cultura nazionale e sovranazionale: se davvero non si può comprendere l'Italia senza conoscere la Sicilia (per parafrasare un fin troppo celebre luogo goethiano), allo stesso modo non si può interpretare adeguatamente la tradizione letteraria della Sicilia moderna senza includerla (con tutte le implicazioni di sorta) in quella italiana, che la comprende, facendo di essa una sua parte irrinunciabile (20).

Simonetta Agnello Hornby (nata a Palermo nel 1945 da una famiglia della piccola aristocrazia), affacciatasi relativamente tardi sull'agone della scrittura creativa, residente a Londra ormai da più di 40 anni, elegge proprio la sua terra di origine, lontana eppure vicinissima, a teatro delle sue storie. Storie popolate di personaggi sanguigni, a tutto tondo, imbevuti di un

---

[4] Matteo Di Gesù, *L'invenzione della Sicilia. Letteratura, mafia, modernità*, Roma, Carocci, 2015, pp. 16-17.

complesso retaggio fatto prima di tutto di istintiva reattività e poi di stratificazioni antropologiche e culturali. In questo universo affabulatorio, brulicante di umanità e di una quasi verghiana aderenza ai luoghi e alle cose, terragne e avviluppanti, a cominciare dal paesaggio, si dipana la multiforme capacità di invenzione di Agnello Hornby, almeno nelle sue prove più riuscite. In questo lavoro vorrei concentrarmi sui primi tre romanzi, che formano una sorta di trilogia siciliana (senza però dimenticare altri libri successivi), anche se poi l'autrice ritornerà alla sua terra e ai siciliani più volte. E sembra un naturale ritorno, una giustificata ossessione. Il romanzo di esordio, accolto con lusinghieri consensi dalla critica (da Aldo Busi definito "un divertimento maestoso"[5]) e dal pubblico dei lettori è *La Mennulara* (2002), cui sono seguiti *La zia marchesa*[6] (2004) e *Boccamurata*[7] (2007).

La vicenda de *La mennulara* si svolge negli anni Sessanta del XX secolo e ruota intorno alla figura umile eppure forte di una donna, un'ex raccoglitrice di mandorle che diventa amministratrice del patrimonio di un abbiente ma decadente famiglia di un paesino immaginario dell'entroterra siciliano, Roccacolomba. Il romanzo prende avvio dall'annuncio della morte della donna, Rosalia Inzerillo, sviluppandosi a ritroso e facendo ricorso a prospettive narrative multiple che costituiranno una delle cifre della scrittura di Agnello Hornby. In questa storia il passato convive con la modernità; la storia, o meglio le storie coabitano con la grande Storia, rievocata nella ricostruzione memoriale dei personaggi, così come la vecchia mafia si affianca alla nuova. Tutti parlano della Mennulara perché si pensa alla ricchezza che avrebbe accumulato, possibilmente grazie ai rapporti con la mafia locale. Rosalia è un personaggio stimato e odiato al contempo, subalterna, rozza ma estremamente intelligente, acuta, abile anche nelle questioni più pratiche, solitamente appannaggio del mondo maschile, patriarcale, di Roccacolomba. Come leggiamo dalla quarta di copertina del libro: "Voci, testimonianze e memorie fanno emergere un affresco che è insieme uno straordinario ritratto di donna e un ebbro teatro mediterraneo di misteri e passioni, di deliri sensuali e colori dell'aria, di personaggi e di visioni memorabili"[8]. La folla

---

[5] Simonetta Agnello Hornby, *La mennulara*, Milano, Feltrinelli, 2002, quarta di copertina
[6] Ead., *La zia marchesa*, Milano, Feltrinelli, 2002.
[7] Ead., *Boccamurata*, Milano, Feltrinelli, 2007.
[8] Ead. *La mennulara* cit., quarta di copertina.

di personaggi e figure, anche minori, gioca un ruolo da 'coro', come spessissimo accade nella letteratura di ambiente siciliano, da Verga a Camilleri, da Consolo a Bufalino, per intenderci. Questo coro commenta le vicende, prende parte alla vita di quel microcosmo conchiuso che è la cittadina di provincia, il paesino. Ogni azione, ogni opinione condivisa o appena accennata si trasforma in una sorta di riverbero della storia e delle microstorie che si intersecano con un effetto polifonico, rafforzato da un accorto uso dei diversi registri linguistici, i quali si adattano ai personaggi e al loro retroterra culturale e sociale. Con una scenografica teatralità che ricorda Bufalino, si staglia con forza il mondo delle cose e del paesaggio, ma assume particolare importanza anche la fascinazione per gli odori, i colori e i sapori dell'ambiente siciliano. In *Boccamurata* la Sicilia, in verità, è meno personaggio rispetto agli altri romanzi siciliani di Agnello Hornby.

L'aristocrazia siciliana, così bene descritta e rievocata dall'autrice, è definitivamente in crisi, morente; basti vedere come il palazzo degli Alfallipe ne *La Mennulara* è vecchio, dalle dimensioni eccessive per gli usi moderni. Agnello Hornby ha dichiarato la propria ammirazione per Federico De Roberto, e non solo per *I viceré*, epopea della potente famiglia degli Uzeda[9]. La classe aristocratica presentata in molti libri di Agnello Hornby è decadente, corrotta. La famiglia Safamita, nel secondo romanzo della trilogia, per esempio, ricorda per l'appunto gli Uzeda ("I Safamita erano una razza dura", *La zia Marchesa* 218). Nel terzo terzo romanzo, *Boccamurata*, la mania di Tito (il personaggio maschile principale) per gli orologi e la solitudine di cui gode nell'abbaino della villa ricordano la passione del Principe Salina per l'astronomia. Entrambe sono forme di evasione in un protervo allontanamento dal consesso umano, nonché spie di un profondo pessimismo.

Di Rosalia, la Mennulara, leggiamo "[d]i ferro e di fuoco era fatta", come afferma un personaggio del romanzo (*La Mennulara* 58). Nell'omelia funebre Padre Arena osserva: "Lavorò per tutta la vita come una bestia. Sconosceva il riposo, creatura inquieta nel corpo e nell'anima. Cercava sempre di fare di più e meglio" (63). Il coraggio è uno dei tratti distintivi di Rosalia che suscitano ammirazione, soprattutto perché esercitato sullo sfondo di un ambiente minaccioso come quello su cui aleggia la presenza della mafia e del potere politico con essa colluso: "Erano i tempi del bandito Giuliano, delle

---

[9] Cfr. Federico De Roberto, *I viceré*, Milano, Mondadori, 1991.

proteste dei braccianti, della lotta tra il vecchio ordine e una mafia in profonda trasformazione, una mafia sempre più aggressiva e consapevole del ruolo che si avviava a ricoprire nel conflitto politico e di classe nell'Italia democristiana" (67). Come spesso succede nei romanzi di Camilleri, il potere mafioso si adatta plasticamente alle trasformazioni in corso nella società. Così, ad esempio, il personaggio del capomafia Don Vincenzo Arena "sapeva che i tempi erano cambiati per tutti e la mafia aveva bisogno di adeguarsi ai cambiamenti, penetrare nei nuovi ordini sociali e politici; sapeva che questa svolta avrebbe avuto profonde ripercussioni, alcune drastiche, e che certi aspetti del codice passato di padre in figlio, a cui lui restava nostalgicamente attaccato, sarebbero diventati desueti e in fine sarebbero caduti nell'oblio" (191).

Nella Mennulara Agnello Hornby coagula un'istintiva sete di giustizia e l'avversione verso ogni forma di sopraffazione. Come leggiamo dal libro: "Aveva appreso il linguaggio forte e volgare dei maschi, che usava come una belva se qualcuno dei suoi pari le faceva torto o se credeva di essere vittima di un sopruso" (75). La figura di Rosalia infrange, per così dire, i confini tra vita e morte. La sua presenza sembra rivelarsi, sia pur impalpabilmente, anche dopo la sua scomparsa; la sua forza si protrae nel tempo. Si tratta di una figura quasi mitica, persino 'demoniaca'. La Mennulara infatti, come si legge, "sembrava che si fosse tramutata in uno spirito malefico che aleggiava nella famiglia, che non si sarebbe placato finché non avessero obbedito ai suoi ordini" (121). L'inettitudine dei componenti di casa Alfallipe, che la Mennulara aveva servito ma anche—con sottile astuzia—comandato, li porta, per opportunismo e in preda a una folle quanto ridicola volubilità, a mettere da parte momentaneamente l'implacabile disprezzo verso la serva-padrona e a osannarla "come loro angelo custode e donna di cultura" (130). Rosalia, come apprendiamo ancora, "aveva qualcosa di enigmatico e inafferrabile (133). Sicuramente si tratta di una "donna complessa" (135), "una benevola tiranna" (133). Nutre una "avversione all'ordine sociale ed economico del nostro mondo, la classe dei ricchi che hanno ereditato potere e denari, senza averli guadagnati, e i poveri che non hanno l'opportunità di studiare e lavorare," come leggiamo ancora (173). Rosalia sembra appunto capovolgere le aspettative dell'ordine costituito; ecco perché può affermare: "Non sono stata io a scegliermi dei padroni che mi sono inferiori. Padroni sempre sono, e io sono destinata a essere la loro serva." (176).

L'elemento della suspense è presenza costante nella narrativa di Agnello Hornby (si pensi, a questo proposito, anche a un romanzo successivo, *Il veleno dell'oleandro*, del 2013[10], con il quale l'autrice torna alla sua Sicilia per l'ambientazione) e ne *La Mennulara* emerge in modo spiccato, conferendo al libro l'atmosfera del giallo. Qui, comunque, manca la figura dell'investigatore e le opinioni, numerosissime e contrastanti, sono spesso basate su pure illazioni, maldicenze o invidia, concorrendo a inscenare una vertiginosa ridda di piste che si incrociano e si contraddicono allo stesso tempo. Lo scioglimento della trama verrà svelato da personaggi particolarmente attenti e acuti come Pietro Fatta, amico intimo del 'patriarca' Orazio Alfallipe, esponente edonista e dissoluto di una schiatta di "inetti, avidi, presuntuosi e ignoranti, triste esempio di una famiglia che avrebbe potuto contribuire positivamente alla vita del paese, e non l'ha fatto" (166).

Nel secondo romanzo la scrittrice parte dallo spunto offerto dal ricordo di un'antenata assurta a una sorta di modello negativo nella percezione che ne avevano i membri della famiglia allargata. Il libro rappresenta, in un certo senso, un atto di risarcimento verso quella lontana parente ingiustamente additata alla generale disapprovazione. Si ricordi a questo proposito che una simile operazione di risarcimento sottende la genesi de *La lunga vita di Marianna Ucrìa* di Dacia Maraini[11], nella quale la scrittrice intende rimediare al silenzio—letterale e figurato—cui quella figura di donna era stata destinata in vita e in morte. Ne viene fuori, nella storia di Agnello Hornby ambientata nella seconda metà dell'Ottocento, un personaggio la cui vicenda prende avvio da un pregiudizio legato al suo rifiuto da parte della madre, a favore dei figli maschi, e alla capigliatura rossa della bambina che ne fa una specie di verghiano Rosso Malpelo in versione femminile. La scrittrice segue le intricate vicende di Costanza Safamita dall'infanzia alla maturità mettendosi, per parafrasare Maraini, dalla sua parte, esaltandone l'intelligenza, l'umanità, la grande forza d'animo ma anche il desiderio di riconquistare una propria insopprimibile dignità e di raggiungere una piena realizzazione di sé che passa anche attraverso l'*eros* e l'amore più autentico.

---

[10] Simonetta Agnello Hornby, *Il veleno dell'oleandro*, Milano, Feltrinelli, 2013.
[11] Dacia Maraini, *La lunga vita di Marianna Ucrìa*, Milano, Rizzoli, 1990.

Come leggiamo in *Caffè amaro*[12] (2016), libro che per molti versi continua la trilogia siciliana: "Pensare a se stesse: non era questo il diritto che veniva negato alle donne, e che tante non osavano nemmeno concepire? Il ruolo delle donne era procreare, accudire e servire. Maria [la protagonista, modellata sulla nonna della scrittrice, nda] lo rinnegava, lei voleva essere felice, e per riuscirci aveva bisogno d'amore. Sempre" (251-252). Il recupero della propria dignità da parte della donna passa attraverso un lento processo di presa di coscienza, una sorta di auto-educazione sentimentale che sovente si avvale della sensibilità della figura paterna, sensibilità in verità rara in un mondo, quello descritto dalla scrittrice, che ci appare dominato da personaggi maschili il più delle volte rapaci, violenti o rozzi. Significativo, a questo proposito, il seguente passaggio da *La zia marchesa*: "*Tu devi amarti, piacerti*, l'aveva esortata il padre. Bisognava sciogliere i capelli e rifare la treccia della vita. Nuovi doveri, nuove necessità, nuovi amori. Le ronzavano in testa le parole del padre: *Desidero che tu faccia quello che vuoi. La contentezza bisogna cercarla, costruirla pietra su pietra*" (254) [corsivo nell'originale].

Le protagoniste femminili di Agnello Hornby sono personaggi dinamici, si evolvono, risalgono di fatto, anche se non sempre formalmente, la scala sociale, come nel caso della Mennulara. Da qui l'ottimismo di fondo di Agnello Hornby, nonostante la coscienza dei mali storici della Sicilia. Alla fine del loro lungo e travagliato processo di presa di coscienza del proprio valore di donne e di esseri umani a tutto tondo, le protagoniste di Agnello Hornby sembrano morire per felicità (è il caso di Maria in *Caffè amaro* e di Costanza ne *La zia marchesa*), vale a dire quello stato di conquistato appagamento delle proprie aspirazioni, l'approdo a una pienezza, una sorta di raggiunta comprensione dell'essenza stessa del vivere che si schiude anche all'immanenza e all'esperienza della morte, che della vita—in ultima analisi—è parte integrante. Particolarmente eloquente appare il seguente stralcio dal secondo romanzo: "Si era addentrata nel roseto. Le pizzicavano le narici. A uno a uno, salivano gli odori del giardino: quello della terra umida, quello del concime, quello dell'erba. Poi, fragrante, il profumo delle rose. [...] Costanza era felice, insopportabilemtne felice, e scivolava pian piano, i capelli impigliati fra i rami spinosi si scioglievano mentre lei andava inesorabilmente giù" (315).

---

[12] Simonetta Agnello Hornby, *Caffè amaro*, Milano, Feltrinelli, 2016.

Accanto alle tenaci figure femminili che fanno da protagoniste dei vari libri, c'è tutto un universo di personaggi umili, specialmente donne del popolo, che Agnello Hornby presenta e descrive con estrema vivacità e che ricordano, ad esempio, la figura di Innocenza, la balia di Marianna Ucrìa, nel citato capolavoro di Dacia Maraini. Anche queste figure subalterne nella rigida gerarchia sociale siciliana sono spesso forti e in possesso di una saggezza atavica tramandata di generazione in generazione.

Boccamurata, il terzo romanzo della trilogia, sembra ruotare intorno alla figura di Tito, ricco proprietario di un pastificio siciliano. Si tratta di un personaggio tormentato, complesso, ma capace di esercitare la sua autorità su una famiglia lacerata da forti tensioni. Eppure è la vecchia zia Rachele, comproprietaria della fabbrica e depositaria di oscure verità, ad ergersi a vera protagonista del racconto. È lei che, in definitiva, comprende con estremo acume cosa in fondo sta minando la famiglia. È lei che, con i suoi ricordi di vicende ormai lontane, restituisce i punti di sutura tra un presente in rapida evoluzione e un passato dove, ancora una volta, la grande Storia—incluse le devastazioni belliche—, e le storie dei personaggi si compenetrano. Anche in questo libro siamo di fronte a una scrittura dove campeggiano "la famiglia come covo di sentimenti innominabili, la lotta per la roba, la sensualità di uomini e donne", per citare dalla quarta di copertina del romanzo.

In Agnello Hornby possiamo avvertire indubbiamente un'attrazione per le forme tradizionali del romanzo storico. La storie narrate sono infatti sempre intrecciate con la grande Storia, come già accennato. Questo comporta da parte dell'autrice un'accurata preparazione, delle lunghe ricerche di archivio che precedono la stesura del racconto. A volte, tuttavia, si ha l'impressione che le vicende storico-politiche siano solo uno sfondo, forse un alibi per l'invenzione dei complicati intrecci e dei piani narrativi multipli, che della scrittrice costituiscono una delle cifre più caratteristiche. O forse le vicende storiche del passato si prestano meglio a dare spessore alle vicende dei personaggi rispetto a un presente che appare poco stimolante e persino stagnante. Come si legge in *Caffè amaro*: "[U]no dopo l'altro gli eventi avevano toccato anche la sostanza delle cose, e il tempo aveva segnato Girgenti e l'Italia. Bastava voltarsi indietro e la sequenza dell'accadere rivelava gli eventi in prospettiva, come volti in un'infilata di specchi. Era questo, come sentiva in giro, appartenere alla Storia, la Storia con la esse maiuscola?" (249). Da qui dipende presumibilmente, a mio avviso, la minore presa, la riuscita parziale del terzo romanzo della cosiddetta trilogia siciliana, *Boccamurata*.

Essendo l'autrice avvocato di professione, la sua scrittura spesso è dettagliata ma veloce, fattuale, nonostante le numerose pause di maggiore distensione, specie nelle descrizioni del paesaggio, del mare, dell'interno agreste dell'isola, generoso di messi e di frutti o dalla desolata, rude bellezza. Come in Camilleri la cucina, il cibo, in Agnello Hornby è veicolo di appartenenza identitaria e culturale in senso lato. Basti questo breve brano a conferma di quanto appena detto: "I Safamita tenevano molto alla buona cucina e avevano la fama di ghiotti, il che, in un'isola in cui vige il culto del cibo e della mangiata, significa che prendevano la gastronomia veramente sul serio" (*La zia marchesa* 103-104). In *Un filo d'olio*[13] (2011) la scrittrice fa seguire i vari capitoli autobiografici che rievocano la propria infanzia da una serie di ricette redatte dalla sorella Chiara.

La sensualità, altra presenza costante in Agnello Hornby come in Camilleri ad esempio, non si manifesta esclusivamente nel desiderio e nel godimento sessuale ma anche in tutte le sue forme, che coinvolgono l'universo sensoriale dei profumi (in più di un romanzo di Agnello Hornby assistiamo a una vera e propria iniziazione agli odori che sembra riecheggiare Patrick Süskind; basti leggere un brano come il seguente, tratto da *La zia marchesa*: "Costanza chiamò Rosa e si fece portare un lume a petrolio. Scese nelle cucine e andò nei riposti—li aveva organizzati come quelli di Sarentini. Sola, apriva i sacchi delle provviste, odorava la frutta, i formaggi, l'olio, il vino; a distanza di anni, riveva la sua iniziazione all'olfatto" (256), della musica (basti accennare, per tutti, ai frequenti riferimenti alla musica colta, da Mozart al melodramma italiano, oltre che alle nenie e ai canti popolari), del palato e del tatto. Si veda anche l'allusione alla sottile sensualità che promana dai deliziosi stucchi di Giacomo Serpotta, sia di tema sacro che profano, presenti a profusione nei famosi oratori settecenteschi di Palermo contenuta in *Boccamurata* (254).

Analogamente a quanto avviene in Verga, i proverbi sono frequenti; essi sottolineano il carattere stratificato, secolare del popolo siciliano. Un caso macroscopico si trova ne *La zia marchesa*, dove ogni capitolo contiene un proverbio in dialetto siciliano che precede i consueti titoli dei singoli capito-

---

[13] Simonetta Agnello Hornby, *Un filo d'olio*, Palermo, Sellerio, 2011.

li che caratterizzano i vari romanzi. In una nota a questo libro così si esprime l'autrice: "[I]proverbi siciliani [...] accompagnano la storia, ma non la condizionano. Per me il siciliano non è mai stato un dialetto, bensì la lingua della tenerezza, della rabbia e della saggezza, una lingua intima e domestica. Da qui i proverbi, che sono acuti, amari, ironici, ma anche soavi e delicati. Ho preferito non tradurli: per lo più si intendono, sono universali" (321).

Che la cultura siciliana popolare sia componente ineludibile in Agnello Hornby è confermato dai riferimenti ripetuti di talune tradizioni contenuti in più di un libro, per esempio la festa dei morti, con il suo rito dei doni fatti trovare ai bambini per rinsaldare il legame, attraverso la memoria, tra i morti e i vivi, e con le relative specialità dolciarie. *Caffè amaro*, invece, include un tributo al teatro dei pupi, che è stato dichiarato, come è noto, patrimonio intangibile dell'umanità:

> [D]on Paolo Aprile, puparo e figlio d'arte, li aspettava insieme ai figli e agli allievi. Suo nonno, capostipite di una famiglia di opranti palermitani, era stato tra i primi a fare evolvere i pupi "armati"—soggetti cavallereschi delle gesta dei paladini di Carlo Magno contro i Mori—legandoli alle mode letterarie del Seicento e del Settecento, e poi all'opera lirica dell'Ottocento: aveva dato forma a un repertorio modulare ma regolamentato, così che il pubblico potesse trovare i suoi eroi, riconoscerli, attenderli a ogni avventura". (313-314)

Se, a differenza della Mennulara, la protagonista de *La zia marchesa* è un'aristocratica, la storia è pur sempre raccontata, a ritroso, da un personaggio subalterno nella rigida scala sociale locale, Amalia Cuffaro, balia di Costanza, il personaggio principale. In questo romanzo, ambientato nel secondo Ottocento in Sicilia, si può vedere quanto Agnello Hornby debba alla narrativa siciliana verista, che in Verga e De Roberto (quest'ultimo ammirato in modo particolare dall'autrice) ha i suoi massimi esponenti. Questo per dire quanto il romanzo storico e di ambiente locale continuino ad esercitare una loro incisiva e pervasiva influenza. E forse le prove migliori di Agnello Hornby, come nel caso di Camilleri, sono proprio da individuare in libri, come *La Mennulara*, *La zia marchesa* e *Caffè amaro*, che in questa narrativa ottocentesca affondano le loro radici, che lo voglia o meno la scrittrice, al costo di apparire—per certi versi—al cospetto di tali illustri antecedenti come il frutto di un tardivo epigonismo.

Agnello Hornby sembra convincere di più quando usa una lingua più aderente al mondo siciliano, fatta di lessico dialettale o di localismi. In *Boccamurata*, ambientato ai nostri giorni pur con ampie rievocazioni degli anni intorno alla seconda guerra mondiale, la Sicilia è, infatti, meno personaggio, per così dire, rispetto agli altri romanzi siciliani dell'autrice, come ho già anticipato più sopra.

La roba è indubbiamente uno dei temi fondamentali de *La zia marchesa* (cfr. 316), così come lo è anche degli altri romanzi della trilogia o di *Caffè amaro* o de *Il veleno dell'oleandro*. Anche da questo punto di vista il filo rosso che lega questa narrativa a De Roberto e Verga è inconfutabile. Basti leggere da *La zia marchesa*: "I fratelli Safamita erano avidi di roba" (99). Ma gli esempi potrebbero moltiplicarsi per pagine e pagine.

L'atteggiamento di rifiuto verso ogni sopraffazione cui ho fatto cenno più sopra dà luogo in Agnello Hornby ad ampie pagine di denuncia sociale nei confronti dell'assenza di giustizia nelle sue svariate manifestazioni, in primo luogo nei riguardi delle classi subalterne. Si ricordi ancora una volta la professione forense dell'autrice e il fatto che per anni sia stata presidente dello Special Educational Needs and Disability Tribunal con sede a Londra. Si veda a questo proposito l'impressionante descrizione delle miserevoli condizioni di vita dei *carusi* nelle zolfatare in *Caffè amaro* (202 e ss.) e in particolare il seguente breve passaggio:

> Maria aguzzò gli occhi: quella creatura nuda e nera dalle gambe arcuate, come le zampe di un uccello, aveva pedazzi dalle dita spampanate simili a mani mostruose; il corpo era deforme: dalla vita in su si allargava in una massa di muscoli coperti da una tela e da una gerla. "Itivinni!", gridò il direttore. E la figura impaurita cominciò a saltellare in modo grottesco a destra e a sinistra, nel camminamento che diventava sempre più stretto emettendo strani rumori dal petto e dalla gola, come se stesse per affogare. Con tutti quei movimenti la lampada si era spenta, e la creatura scomparve nel buio. Stordita, Maria non chiese nulla (205-206).

Maria desidera anche mettere in atto forme concrete di aiuto per migliorare la condizione e l'istruzione del personale di servizio, così come Costanza, ne

La zia marchesa, esprime il proposito di alleviare la vita dei contadini, intenzione che ricorda le analoghe preoccupazioni di Marianna Ucrìa nel romanzo di Maraini. Come leggiamo: "Il ricordo del pestaggio dell'uva non la abbandonava; desiderava fare qualcosa per migliorare le condizioni di lavoro dei pigiatori e ne parlò con Stefano" (193).

Il fatto che la Sicilia tutta diventi personaggio, analogamente a quanto avviene in molti scrittori isolani, si può facilmente spiegare con l'orgoglio dell'autrice nei confronti delle proprie radici, ma anche con la stessa condizione di espatriata, che accentua—quasi per contrasto—l'attaccamento alle proprie origini. Si pensi all'operazione di recupero memoriale e tematico—pur da prospettive completamente diverse—della Sicilia delle origini da parte del Vittorini e del Consolo 'milanesi', del Camilleri 'romano', della Maraini toscana, del Vasta trasferitosi a Torino prima di fare ritorno nella sua Palermo. In quest'ultimo caso, in verità, il capoluogo siciliano costituisce solo l'ambientazione, per nulla nostalgica, di storie e situazioni 'allegoriche' che denunciano un crisi di valori profonda, una 'indistinzione' antropologica dalle conseguenze persino inquietanti.

Dalle dettagliate descrizioni disseminate in tutti i romanzi si ricava tutto l'amore della autrice per la bellezza della sua terra. Si legga, tra i tanti, il seguente brano da *Boccamurata*:

> Le baie a mezzaluna, sotto Torrenuova, sembravano due arcobaleni incompleti, spennellati di colori tenui e meravigliosi: acquamarina, verde chiaro, celeste, verde smeraldo. Poi il mare diventava azzurro intenso per un centinaio di metri. Una fascia d'acqua cristallina e trasparente appena appena celeste, seguiva tutta la costa come un nastro luccicante: era il riflesso del cielo sul lunghissimo banco di sabbia sommersa su cui si arenavano i velieri nemici. (23)

Le descrizioni di Palermo, in particolare, ne presentano tutta la sua bellezza. L'esatto contrario avviene, ad esempio, nelle rievocazioni della Palermo di Vasta. Anche nelle interviste la scrittrice non fa mistero della sua ammirazione per il singolare fascino della sua città. Come nella narrativa russa, giusto per fare un paragone per nulla peregrino, la grande città rappresenta un polo di attrazione per i protagonisti. Così Palermo è il luogo degli svaghi, dei grandi balli, dei ricevimenti mondani, del lusso e del piacere, delle serate all'opera, insomma di tutti i riti in cui si intrattiene e spesso si perde la classe abbiente. Parlando della Sicilia, poi, Agnello Hornby non manca spesso di confrontarla con la sua 'seconda' patria di riferimento, l'Inghilterra, sottolineando di entrambe le terre peculiarità, idiosincrasie e insularità.

Uno dei tratti distintivi della scrittura di Agnello Hornby è senz'altro l'autobiografismo, a cui la narratrice attinge a piene mani. La sua vicenda biografica ha convissuto con le storie, i *cunti* che sin da bambina udiva dagli adulti. Si vedano a questo proposito due libri prettamente autobiografici, il già citato *Un filo d'olio* e *Via XX settembre*[14] (2013). Oppure si legga da *La zia marchesa* il breve brano che segue: "[Don Paolo e Gaspare, nda] ripetevano le stesse storie, parola per parola, inconsci eredi della tradizione orale degli antichi aedi" (122).

L'eros, strettamente connesso alla sensualità di cui ho fatto cenno prima, in Agnello Hornby è un'altro *tópos* (verrebbe da dire un ingrediente, considerato che i suoi libri sono dei *bestsellers*) di elezione, anche se esso non diventa mai prorompente o esplicito come in Camilleri (cfr. ad esempio *La zia marchesa* 279). Esso sottende la riappropriazione del corpo e della libertà della donna, analogamente a quanto avviene in Maraini. L'eros va visto anche come antidoto alla morte, alla guerra e alla distruzione (si veda *Boccamurata* 252), così come accade anche, ad esempio, ne *Il cane di terracotta* di Camilleri[15]. Mentre l'elemento erotico trova ampio spazio in Agnello Hornby, la religione—componente fondamentale della cultura siciliana, quale che sia l'effettiva natura del sentimento e delle pratiche devozionali— è confinata alle sue pure manifestazioni esteriori, antropologiche e sociali. Come afferma il personaggio di Dante, figura di *outsider* che irrompe nel mondo della famiglia siciliana ricca ma in crisi al centro di *Boccamurata*: "È il vostro modo di vedere la vita. Accettate l'inverosimile come se fosse normale e viceversa. Le situazioni più assurde vi sembrano razionali. Fate drammi per nulla e sdrammatizzate le tragedie. Anche la vostra religiosità ha qualcosa di pagano: qui i santi—veri o falsi—contano più di Dio" (175).

Analogamente ad altri autori isolani, la scrittrice usa termini e costrutti dialettali siciliani per dare sapore locale al suo stile, ma con parsimonia, nulla di paragonabile a quanto avviene in Camilleri o nello stesso Verga (in

---

[14] Simonetta Agnello Hornby, *Via XX settembre*, Milano, Feltrinelli, 2013.
[15] Andrea Camilleri, *Il cane di terracotta*, Palermo, Sellerio, !996.

questo caso più a livello sintattico che lessicale). In Consolo, per esempio, l'operazione è del tutto differente. Il suo plurilinguismo dà luogo ad impasti sofisticati, quasi barocchi, come è stato osservato più volte dalla critica. Anche in Stefano D'Arrigo la questione linguistica assume rilievo sostanziale, ma ancora una volta si tratta di modalità del tutto diverse.

Anche l'umorismo, altro tratto peculiare della narrativa di Agnello Hornby, è sovente veicolato attraverso puri mezzi linguistici, segnatamente dai nomi propri, in particolare ne *La zia marchesa*, ma non solo in questo libro. Bastino questi esempi: Vasciterre, Leccasarda, Scravaglio, Puma, Munnizza, Muralisci, Sedita, Cucutulo, Tuttolomondo, Lisca, Teccapiglia, Fecarotta, Sucameli, Cacopardo, Pastanova, Battaria, Tignuso, ecc. Da *La Mennulara* possiamo citare antroponimi e toponimi quali Minacapelli, Indelicato, Bommarito, Li Pira, Pinzimonio, Coniglio, Risico, Pecorilla, Mendicò, Brogli, Ceffalia, Mangiaracina, Masculo e così via. Ma si legga un brano come il seguente, tratto da *La zia marchesa*, per avere ancora un'idea del vitalismo di questa scrittura che si traduce in disinvolta *vis* comica, apparentando in questo modo Agnello Hornby a Camilleri piuttosto che ad altri scrittori siciliani, e sono numerosi, che prediligono uno stile che gravita verso la vena tragica piuttosto che verso quella comica.

> Il barone Giovanni, vecchio e con una panza grossa che quasi non si poteva catamiari, si portava la borsa, ma inciampò per le scale e s'arruzzulò. La borsa si aprì e tintinnando sugli scalini caddero dagli astucci tutte le monete d'oro. Picciotti e camerieri accorsero e si diedero da fare per raccoglierle, ma assai monete andarono a finire in tasca loro e bene fecero! (225)

In conclusione, pur con esiti estetici diversi, si può affermare che la narrativa di Agnello Hornby sfrutta a pieno la ricchezza stratificata di una cultura—quella siciliana—che sa fondere Storia e storie, sensualità e male di vivere, tragedia e umorismo, solarità e mistero. L'intrinseca propensione alla teatralità e alla coralità del popolo siciliano ben si presta, nella sbrigliata fantasia di Agnello Hornby, alla costruzione per accummulo (o forse meglio, quasi per proliferazione interna, *foisonnement*) di intrecci densi, polifonici, che non solo tengono sempre desta l'attenzione del lettore ma veicolano, come un *Leitmotiv*, profonde istanze di giustizia, rivendicazione e risarcimento di coloro che hanno visto conculcato il proprio diritto alla piena realizzazione di sé, in primo luogo le donne e le categorie più marginalizzate della società. Da questo punto di vista scrivere della Sicilia è scrivere dell'Italia e del mondo *tout court*. Combattere le ingiustizie in Inghilterra come ha fatto Agnello Hornby all'interno delle istituzioni giuridiche, equivale in qualche misura a combatterle metaforicamente in Sicilia, attraverso la mediazione della finzione narrativa, attraverso quello che, seguendo Aristotele, possiamo individuare come la funzione civile del *mythos*.

Opere Citate o Consultate

Agnello Hornby, Simonetta, *La Mennulara*. Milano, Feltrinelli, 2002.
_____. *La zia marchesa*. Milano, Feltrinelli, 2004.
_____. *Boccamurata*. Milano, Feltrinelli, 2007.
_____. *Vento scomposto*. Milano, Feltrinelli, 2009.
_____. *La monaca*. Milano, Feltrinelli, 2010.
_____. *Camera oscura*. Milano, Skira, 2010.
_____. *Un filo d'olio*. Palermo, Sellerio, 2011.
_____. *La cucina del buon gusto* (con Maria Rosaria Lazzati). Milano, Feltrinelli, 2012.
_____. *La pecora di Pasqua* (con Chiara Agnello). Milano, Slow Food, 2012.
_____. *Il veleno dell'oleandro*. Milano, Feltrinelli. 2013.
_____. *Il male che si deve raccontare per cancellare la violenza domestica* (con Marina Calloni). Milano, Feltrinelli, 2013.
_____. *La mia Londra*. Firenze, Giunti, 2014.
_____. *Il pranzo di Mosè*. Firenze, Giunti, 2014.
_____. *Nessuno può volare* (con George Hornby). Milano, Feltrinelli, 2017.
_____. *Rosie e gli scoiattoli di St. James* (con George Hornby). Firenze, Giunti, 2018.
Camilleri, Andrea, *Il cane di terracotta*. Palermo, Sellerio, 1996.
De Roberto, Federico, *I viceré*. Milano, Mondadori, 1991.
Di Gesù, Matteo, *L'invenzione della Sicilia. Letteratura, mafia, modernità*. Roma, Carocci, 2015.
Ferlita, Salvatore, *La provincia letteraria palermitana*. Palermo, Provincia Regionale, di Palermo, 2007.
Inglese, Mario, "La 'casa a cielo aperto': Metafore palermitane nella narrativa di Giorgio Vasta," in Antonio C. Vitti, Anthony Julian Tamburri (eds.), *The Rep-

resentation of the Mediteranean World by Insiders and Outsiders, New York, Bordighera press, 2018, pp. 91-119.

_____. "Metafore della sicilitudine nella scrittura autofinzionale di Gesualdo Bufalino," in Antonio C. Vitti and Anthony Julian Tamburri (eds.), *The Mediterranean Dreamed and Lived by Insiders and Outsiders*. New York, Bordighera Press, 2017, pp. 224-238.

_____. "Vincenzo Consolo e lo sguardo multiplo sulla Sicilia," in Antonio C. Vitti and Anthony Julian Tamburri (eds.), *The Mediterranean as Seen by Insiders and Outsiders*. New York, Bordighera Press, 2016, pp. 102-118.

_____. "Culture mediterranee e sincretismi in Sicilia: Il caso de *Il cane di terracotta* di Andrea Camilleri," in Antonio C. Vitti and Anthony Julian Tamburri (eds.), *Mare Nostrum. Prospettive di un dialogo tra alterità e mediterraneità*. New York, Bordighera Press, 2015, pp. 93-105.

Maraini, Dacia, *La lunga vita di Marianna Ucrìa*. Milano, Rizzoli, 1990.

Onofri, Massimo, *Passaggio in Sicilia*. Firenze, Giunti, 2016.

Vásquez Montalbán, Manuel, "La sicilia metafora del mondo," in AA.VV., *La Sicilia, il suo cuore. Omaggio a Leonardo Sciascia*. Palermo, Kalós, 2011, pp. 43-45.

Calvino, la Riviera Ligure e il Mediterraneo
Prove di realismo

Davide Italia
Università di Catania

La genesi de *La speculazione edilizia* segue una vicenda editoriale complessa. Gli studi di McLaughlin e di Milanini evidenziano le numerose elaborazioni del testo prima dell'edizione in volume per Einaudi (1963). Fin dal principio, il romanzo è progettato per far parte del ciclo incompiuto *Cronache degli anni Cinquanta*[1]; a detta di Pierantoni, si tratta di un periodo in cui lo scrittore ligure denuncia la presenza di una non ben definita 'difficoltà del vivere' (Pierantoni, 279). Sfortunatamente, la lunga gestazione de *La giornata d'uno scrutatore* costringe l'autore a terminare il lavoro in favore di altri progetti (Bucciantini, 16).

Dopo il successo delle *Fiabe italiane*, l'intento di Calvino è quello di raccontare l'Italia del *boom* per mezzo della narrazione realistica. Il protagonista, Quinto Anfossi, è un ex intellettuale comunista che ritorna nella città di ***[2] per risolvere alcune questioni di famiglia[3]. Nell'incipit Calvino descrive i mutamenti della Riviera provocati dal *boom* edilizio:

> La febbre del cemento s'era impadronita della Riviera: là vedevi il palazzo già abitato, con le cassette dei gerani tutti uguali ai balconi, qua il caseggiato appena finito, coi vetri segnati da serpenti di gesso, che attendeva le famigliole lombarde smaniose di bagni; più in là ancora un castello d'impalcature e, sotto, la betoniera che gira e il cartello dell'agenzia per l'acquisto dei locali. (Calvino 1994, 3-4)

Nell'immagine della costa ligure, che condensa i due volti della città prima e dopo la costruzione delle palazzine, Calvino distingue una geome-

---
[1] Di questo trittico anche il romanzo *La giornata d'uno scrutatore* e il racconto *Che spavento l'estate*. Calvino spiega le ragioni del progetto incompiuto in un'inter-vista a Maria Corti. Cfr. Calvino (2009, 248).
[2] La città di Quinto è sempre indicata con ***; inoltre, non mancano riferimenti alla riviera ligure.
[3] Si tratta della vendita dei beni paterni per pagare le tasse di successione.

tria definita non solo dalla verticalità degli stretti vicoli, ma anche dalle linee orizzontali suggerite dagli archi e dai tetti delle case; si direbbe che, nella sua avversione iniziale per la speculazione edilizia, l'autore non nasconda un sarcasmo ironico (Musarra-Schrøder, 22).

L'osservazione è lo strumento adottato per indagare la realtà: Calvino dimostra di saper andare 'oltre le cose', poiché ad essere coinvolta non è soltanto la semplice percezione, ma anche l'attività dell'intelletto (Asor Rosa, 84). Del resto, nel cap. I è frequente l'uso di lessemi afferenti al campo visivo: "occhi/occhio", "viste/vedeva/vedere/vista", "distratta", "guarda"....

Le descrizioni dei luoghi osservati si alternano ai ricordi di Quinto, il quale è rimasto bloccato in una condizione incerta tra il vagheggiamento del passato e la partecipazione al presente: in ciò si riconosce facilmente lo smarrimento politico di Calvino e di altri intellettuali comunisti alla fine degli anni Cinquanta. Tale contrasto si manifesta in uno stato di malessere perenne:

> Quasi gli sarebbe piaciuto, lì sul terrazzo, che sua madre gli desse più esca per questa sua contraddizione, e drizzava l'orecchio a cogliere in quelle rassegnate denunzie che ella accumulava da una visita all'altra gli accenti di una passione che andasse al di là del rimpianto per un paesaggio caro che moriva. [...] E lui non ne partecipava; legato ai luoghi ormai appena da un filo d'eccitazione nostalgica, e dalla svalutazione d'un'area semiurbana non più panoramica, ne aveva solo un danno. (Calvino 1994, 6-7)

Spinto dal desiderio di uscire dalla passività, Quinto intraprende l'avventura speculativa. A persuaderlo nell'impresa è l'imprenditore Caisotti, che appare quando incombe la minaccia dell'ipoteca sulla casa alla fine del cap. II[4]:

> [...] il mercato edilizio dava segni di saturazione, per quel-l'estate si prevedeva già una piccola flessione nelle richieste, due o tre imprese che avevano fatto il passo più lungo della gamba si trovarono nelle cambiali fino agli occhi e fallirono. [...] Passavano i mesi, passò un anno, e non s'era trovato ancora il compratore. (Calvino 1994, 12)

---

[4] La banca aveva rifiutato di anticipare le rate delle tasse.

Caisotti è un personaggio ambivalente, verso il quale Quinto prova reazioni contrastanti: da una parte egli non sopporta la sua capacità di imbrogliare negli affari edilizi; dall'altra è affascinato dalle sue abilità truffaldine, al punto da considerarlo un eroe rispetto ai suoi vecchi amici. Secondo Benussi, l'imprenditore è vittima e carnefice, imbroglione e imbrogliato; si potrebbe dire che egli sia la personificazione di una società nuova, che, agendo d'impulso, va alla continua ricerca di vantaggi personali (segno, questo, che la lotta di classe si è trasformata in una competizione economica [Benussi, 52-54]). Alla fine del cap. III, tuttavia, viene delineato un profilo diverso di questo personaggio:

> La sua faccia, chiusa negli occhi, inespressiva nella bocca aperta, consisteva tutta nelle guance, disarmata. E sulla guancia sinistra, poco sopra i confini della granulosa superficie della barba, quasi sotto l'occhio, Quinto vide il graffio ancora fresco della rosa. Questo particolare pareva insinuare, in quel cotto viso d'uomo maturo, una specie di fragilità infantile, come anche del resto i capelli tagliati corti, quasi rapati sulla testa tutta collottola, e come il tono piagnucoloso della voce e lo stesso modo un po' smarrito di guardare le persone; e Quinto già stava per essere ripreso dal desiderio di mostrarsi buono e protettivo con lui, ma da quell'immagine d'un Caisotti bambino di cinque anni restava escluso l'incombere dello squalo, o dell'enorme crostaceo, del granchio, quale egli appariva con le spesse mani abbandonate sui braccioli della poltroncina. (Calvino 1994, 19-20)

Nel cap. VII Quinto incontra i suoi vecchi amici Bensi e Cerveteri, mentre progettano una rivista di orientamento comunista seduti al tavolo di un ristorante. Quinto li osserva con ammirazione e distacco, avvertendo la stanchezza per un dibattito politico antiquato. Ancora una volta, Calvino utilizza la metafora della vista per scrutare la realtà:

> Erano entrambi strabici, ma il filosofo era strabico all'infuori, con un occhio che pareva volare dietro le idee nel momento in cui esse stavano per sfuggire dal campo visivo umano, nella prospettiva più obliqua e meno riconoscibile; il poeta invece era strabico all'indentro, le pupille vicine e inquiete che parevano preoccupate, ad ogni sensazione esterna, di verificare quel che essa produceva nella zona più segreta e interiore. [...] La mia superiorità su di lo-

ro—pensava Quinto,—è che io ho ancora l'istinto del borghese, che loro hanno perduto nel logorio delle dinastie intellettuali. M'attaccherò a quello e mi salverò, mentre loro andranno in briciole. (Calvino 1994, 39-41)

Lo sguardo di Calvino rivela le illusioni di un mondo, quello piccoloborghese, che lotta per non rimanere emarginato. La borghesia che invade la riviera ligure deturpa il paesaggio, lo trasforma a sua immagine: si tratta di un processo distruttivo che rispecchia lo squilibrio tra uomo e ambiente (Asor Rosa, 18-20).

Il cap. XIV è dedicato alla descrizione del cambiamento della Riviera, dove le abitudini della gente di *** incontrano quelle dei turisti:

Troppo chiuso in sé e indifferente d'altro ed aspro era il carattere della vecchia gente di ***. Alla pressione delle pullulanti intorno genti italiane non resse, e presto imbastardì. La città s'era arricchita ma non seppe più il piacere che dava ai vecchi il parco guadagno sul frantoio o sul negozio, o i fieri svaghi della caccia ai cacciatori, quali tutti loro erano un tempo, gente di campagna, piccoli proprietari, anche quei pochi che avevano da fare con il mare e il porto. Adesso invece li premeva il modo turistico di godere la vita, modo milanese e provvisorio, lì sulla stretta Aurelia stipata di macchine scappottate e roulottes, e loro in mezzo tutto il tempo, finti turisti, o congenitamente sgarbati dipendenti dell'"industria alberghiera". (Calvino 1994, 82)

I nuovi consumi hanno cambiano l'economia:

Era ormai nata la civiltà del turismo, e la striscia della costa prosperò, mentre l'entroterra immiseriva e prendeva a spopolarsi. Il dialetto divenne più molle, con cadenze infingarde; [...] la colonia stabile di *** era costituita da quel ceto medio-borghese che s'è detto, abitatore d'agiati appartamenti nelle proprie città e che qui tale e quale riproduceva (un po' più in piccolo; si sa, si è al mare) gli stessi appartamenti negli stessi enormi isolati residenziali e la stessa vita automobilistico-urbana. (Calvino 1994, 83)

Davide Italia • "Calvino, la Riviera ligure e il Mediterraneo"

In *Liguria magra e ossuta* (1945) il profilo della Riviera è delineato come un paesaggio 'fatto a scale', che impone all'osser-vatore un movimento ascendente o discendente dello sguardo:

> Dietro alla Liguria dei cartelloni turistici, dietro alla Riviera dei grandi alberghi, delle case da gioco, del turismo internazionale, si estende dimenticata e sconosciuta, la Liguria dei contadini. Diversa da tutte le campagne di pianura e di collina, la campagna ligure sembra, più che una campagna, una scala. Una scala di muri di pietre (i «maisgei») e di strette terrazze coltivate («le fasce»), una scala che comincia dal mare e sale su per le brulle alture fino alle montagne piemontesi: è la testimonianza di una lotta di secoli tra una natura avara e un popolo laborioso e tenace quanto abbandonato e sfruttato. (Calvino 1995, 2390)

Infatti, guardando la Liguria dal mare, lo sguardo deve allungarsi oltre il primo piano, percorrendo idealmente in verticale la scala prospettica dei terrazzamenti. Anche in questo caso si avverte la necessità di andare oltre le apparenze per scoprire la vera identità del territorio (Rizzarelli, 12).

La città di ***, pertanto, rappresenta il modello della trasformazione di tutta la penisola italiana, ove arrivano schiere di turisti e 'grandi monopoli':

> Queste falangi straniere che, avide di bagni fuori stagione, prenotavano alberghi interi succedendosi in turni serrati da aprile a ottobre (ma meno in luglio e agosto, quando gli albergatori non concedono sconti alle comitive) erano viste dagli indigeni con una sfumatura di compatimento, al contrario di come una volta si guardava il forestiere, messaggero di mondi più ricchi e civilmente provveduti. Eppure, a incrinare la facile alterigia dell'italiano ben messo, disinvolto, lustro, esteriormente aggiornato sull'Ame-rica, affiorava il senso severo delle democrazie del Nord, il sospetto che in quelle ineleganti vacanze si muovesse qualcosa di più solido, di meno provvisorio, civiltà abituate a concludere di più, il sospetto che ogni nostra ostentazione di prosperità non fosse che una facile vernice sull'Italia dei tuguri montani e suburbani, dei treni d'emigranti, delle pullulanti piazze di paesi nerovestiti: sospetti fugacissimi, che conviene scacciare in meno d'un secondo. (Calvino 1994, 86-87)

In tale contesto si potrebbe definire l'Italia un vero e proprio *speculum Mediterranei*:

> [...] in un salto si poteva andare a prendere l'aperitivo in Francia. Ormai a *** i ricchissimi venivano solo di passata, in corsa tra un Casinò e l'altro, e nello stesso modo veloce ci venivano gli operai delle grandi industrie, in "lambretta", a ferragosto, con le mogli in pantaloni cariche dello zaino sul sedile posteriore, a fare il bagno stipati nelle esigue strisce di spiaggia, ripartendo poi per pernottare nelle pensioni più economiche d'altre località della costa [...]. E alla stagione in cui un tempo i milord e le granduchesse lasciavano la Riviera e si spostavano nelle ombrose Karlsbad e Spa per la cura delle acque, ora negli appartamenti balneari ai vecchi davano il cambio le signore coi bambini e per i mariti occupatissimi cominciava la corvée delle gite tra sabato e domenica. Era una folta Italia in tailleur, in doppiopetto, l'Italia ben vestita e ben carrozzata, la meglio vestita popolazione d'Europa [...]. (Calvino 1994, 85-86)

Sullo sfondo della 'nuova' Riviera sembrano rispecchiarsi le contraddizioni interiori di Quinto; le sue sconfitte sono gli strumenti con cui egli smaschera le disillusioni e le amarezze della realtà. L'episodio della fallita possessione carnale della Hofer, ad esempio, rivela che anche nel sesso egli rinnova le proprie umiliazioni (Asor Rosa, 23).

Nel cap. XVIII Quinto diventa consapevole della propria sconfitta:

> Quinto rincasò d'umor nero. Non solo l'inquietava il non essere riuscito ancora a farsi pagare, ma anche l'aver scoperto in Caisotti un antico compagno di lotte. Bella curva aveva fatto la società italiana! esclamava tra sé. Due partigiani, un paesano e uno studente, due che s'erano ribellati insieme con l'idea che l'Italia fosse tutta da rifare; e adesso eccoli lì, cosa sono diventati, due che accettano il mondo com'è, che tirano ai quattrini, e senza più nemmeno le virtù della borghesia d'una volta, due pasticcioni dell'edilizia, e non per caso sono diventati soci d'affari, e naturalmente cercano di sopraffarsi a vicenda.... (Calvino 1994, 109)

Nell'ultimo capitolo Caisotti assembra tutte le contraddizioni di una realtà divenuta ostile per Quinto:

Caisotti, Caisotti, Caisotti...Non ne poteva più. Sì, lo sapeva com'era fatto quell'uomo, lo sapeva che vinceva sempre lui, era stato il primo a capirlo! Ma possibile che tutti l'accettassero come un fatto normale, lo criticassero solo a parole, non si preoccupassero di negarlo, di distruggerlo.... Sì, sì certo, era stato lui a volarlo, lui a esaltare Caisotti contro il parere di tutti i benpensanti.... Ma allora gli pareva che fosse un'altra cosa, che fosse il termine d'un'antitesi, che facesse parte d'un processo in movimento.... Ora Caisotti non era più che un aspetto d'un tutto uniforme e grigio, d'una realtà che bisognava negare o accettare. E lui Quinto non voleva accettarla! (Calvino 1994, 139-140)

Secondo Caretti Quinto incarna il fallimento di una generazione di ideali traditi. In questo senso, la narrativa realistica di Calvino è uno strumento per indagare i temi dell'integrazione e dell'integrità dell'uomo nel contesto in cui vive (Caretti, 211-212).

Dalla disamina del testo si rileva agevolmente che *La speculazione edilizia* può essere considerata, innanzitutto, la testimonianza di una cesura storica importante per l'Italia del *boom*. A detta di Guerrera, se fino agli anni Cinquanta la trasformazione del territorio italiano si può controllare, dopo gli anni Sessanta il benessere diffuso e i movimenti di massa non consentono più un controllo capillare delle attività edilizie; ragione per cui il fenomeno dell'abusivismo si diffonde per decenni nel Nord e nel Sud della Penisola, rappresentando una valida alternativa all'emigrazione (Guerrera, 21-23).

La storia raccontata da Calvino costituisce, inoltre, un nuovo strumento per descrivere la complessità del reale, ove "molti linguaggi e piani di coscienza si intersecano" (Calvino 1962, 19). Quello di Quinto Anfossi, infatti, è l'emblema di un fallimento rispetto ad una realtà complessa e ingannevole, come un labirinto. Secondo Milanini, in definitiva, nel romanzo manca una conclusione che compendi i significati degli eventi narrati: in sostanza, si ha l'impressione che la fine coincida con l'inizio della storia (Milanini, LVII).

BIBLIOGRAFIA

Asor Rosa, Alberto. *Stile Calvino*. Torino: Einaudi, 2001.
Benussi, Cristina. *Introduzione a Calvino*. Bari: Laterza, 1989.
Bucciantini, Massimo. *Italo Calvino e la scienza*. Roma: Donzelli, 2007.
Calvino, Italo. *Eremita a Parigi*. Milano: Mondadori, 2009.
_____. *La speculazione edilizia*. Milano: Mondadori, 1994.
_____. "La tematica industriale". *Il menabò* 5 (1962): 18-21.
_____. "Liguria magra e ossuta", in Id. *Saggi 1945-1985*. Milano: Mondadori, 1995.
Caretti, Lanfranco. *Sul Novecento*. Pisa: Nistri-Lischi, 1976.
Falaschi, Giovanni, ed. *Italo Calvino. Atti del convegno internazionale, Firenze, Palazzo Medici.Riccardi, 26-28 febbraio 1987*. Milano: Garzanti, 1988.
Guerrera, Giuseppe. *La Sicilia città dei tre mari*. Roma: Meltemi, 2003.
McLaughlin, Martin. "The Genesis of Calvino's *La speculazione edilizia*" *Italian Studies* XLVIII (1993): 71-85.
Milanini, Claudio. *Italo Calvino. Romanzi e racconti*. Milano: Mondadori, 1994.
Musarra-Schrøder, Ulla. *Italo Calvino tra i cinque sensi*. Firenze: Franco Cesati, 2010.
Pierantoni, Ruggero. "Calvino e l'ottica", in *Italo Calvino. Atti del convegno internazionale, Firenze, Palazzo Medici. Riccardi, 26-28 febbraio 1987*. Giovanni Falaschi, ed. (Milano: Garzanti, 1988).
Rizzarelli, Maria. *Sguardi dall'opaco. Saggi su Calvino e la visibilità*. Acireale-Roma: Bonanno, 2008.

Sradicamenti immemorabili
Ovvero di come la cultura del mediterraneo si fondi su "memorie" che costruiscono identità nomadi, proiezione di sradicamenti e ricerche, piuttosto che affermazioni di "radici" e tradizioni.

Mauro Mangano

> "Non ho radici, ma piedi per camminare"
> Lorenzo Cherubini, in arte Jovanotti

Radici. Negli ultimi decenni questa parola ha invaso il nostro lessico e il nostro immaginario, diventando la parola chiave di espressioni come "senza le radici non si può costruire il futuro", "stiamo perdendo le nostre radici", "bisogna conoscere le proprie radici", e simili.

Un episodio significativo è stato, a questo proposito, il dibattito di alcuni anni fa durante la stesura della Costituzione Europea, quando a lungo, e in tutta Europa, si è svolto un dibattito sulle "radici" comuni dell'Europa, cui si faceva riferimento nel pream-bolo alla Costituzione. Parteciparono moltissime voci, e ognuna espresse importanti posizioni, ma mi interessa sottolineare come quell'occasione dimostrò l'incontrastato dominio della metafora delle "radici" per parlare dell'identità culturale, a proposito o a sproposito.

Si ascoltarono, nel parlamento italiano, espressioni come: "Non è possibile rilanciare l'idea dell'Europa senza parlare di cultura, di una famiglia di Nazioni, di radici culturali, le radici cristiane (o, meglio, ebraico-cristiane), le radici greco-latine, da cui deriva que-sta famiglia di popoli, altrimenti non si capisce perché l'Europa è quello che è. Dobbiamo avere il coraggio di tornare a parlare di radici." (Pronunciate da Rocco Buttiglione).

Intervenne il Pontefice di allora, Giovanni Paolo II, chiedendo che fosse introdotto nella Costituzione europea il richiamo esplici-to alle radici religiose: "al consolidarsi delle comuni radici cristia-ne dell'Europa, radici che con la loro linfa hanno impregnato la storia e le istituzioni europee".

Le radici, dunque, sono la metafora più diffusa oggi per indi-care l'identità culturale e soggettiva, di comunità, nazioni, conti-nenti, di ciascuno di noi. L'affermarsi di una metafora è un indizio culturale straordinario, per indagare l'evoluzione di un concetto, i connotati che assume in un determinato momento storico. E come per ogni metafora si può esplorare la complessità di significati che racchiude, per comprendere cosa evoca, quale e più ampio campo di sensi e soprattutto di sensazioni schiuda quando la usiamo, o riesca a generare a forza di essere usata.

Il termine *radice*, innanzitutto, richiama ad una staticità, o se vogliamo ad una idea di scarsa mobilità, ed è legato in modo fortissimo al campo semantico della terra. La radice, per esempio, è diversa dalla sorgente, pur avendo in comune con quest'ultima il preciso richiamo all'origine, allo scaturire. Ma la radice insieme al nascere evoca l'idea del permanere, dello svilupparsi in un luogo saldamente ancorati, creando una sorta di topografia identitaria che lega in modo indissolubile terra, territorio, radice e soggetto.

L'idea della nostra esistenza come risultato di un processo, di un flusso, di cui noi siamo la nuova propaggine, l'ultimo passo (per ora) non è certo nuova. È presente già nella Bibbia (la radice di Jesse), ma collegata alla storia di un popolo che più sradicato non si può. Un'altra delle sue declinazioni più celebri è quella grandiosa immagine della cattedrale di Chartres, dei nani sulle spalle dei gi-ganti. Ma i nani, almeno, camminano, le piante, sradicate, muoiono.

Personalmente, andando alla ricerca delle mie radici, torno sempre alla cultura greca. E del resto, quando si è svolto quel lungo e contorto, più che complesso, dibattito sulle radici dell'Europa, volendo inserirlo nel preambolo alla costituzione europea, era unanime il riferimento alla cultura greca come fonte della cultura europea.

Peraltro è troppo facile ricordare che il nome stesso di Europa è nato lì, in quel contesto, in quella mitologia, cioè nell'enorme giacimento immaginale generato dai greci antichi. Ma se ci tuf-fiamo nella sorgente originaria dell'Europa, troviamo più di una sorpresa. E che sorpresa. Europa è una bellissima giovane, figlia del re Agenore, fenicia, forse una ninfa, di cui si innamora Zeus che, per potersi unire a lei, si trasforma in toro e portandola in groppa la conduce fino alle terre occidentali che noi oggi chia-miamo, appunto, Europa. In realtà la giovane diviene regina di Creta, ma questo ci racconta solo come dovremmo stare attenti a definire i confini dell'oriente e dell'occidente. Europa, è quel che importa al nostro ragionamento, è il simbolo dell'originario sradicamento. Ecco, se la vogliamo, la nostra origine, l'*imprinting* indiscutibile che segna il nostro continente e tutta la sua cultura, uno sradicamento che percorre oriente e occidente, senza posarsi, anzi generando altri passaggi, altri spostamenti. I fratelli di Europa, ad esempio, si spostano andando alla sua ricerca ed il più celebre di loro sarà quel Cadmo, fondatore di Tebe, alla cui discendenza si intrecceranno le storie di Dioniso, di Edipo, Antigone.

IL RAPIMENTO DI EUROPA DIPINTO DA TIZIANO

Europa e la sua storia ci dicono quello che è chiaro nella miriade di miti classici eziologici: il luogo è costituito dall'uomo, dal suo movimento, è l'uomo a dare identità al luogo e non viceversa.

Passiamo allora per il mito più profondo e persistente della cultura occidentale. Odisseo. Un uomo che torna, indubbiamente. Il percorso di Ulisse è circolare, tutta la sua vicenda si regge su un ancoraggio indissolubile alla sua terra madre, Itaca. Eppure la sua definizione, la prima definizione che Omero ne dà è di "uomo dai molti aspetti", *polytropos*. L'Odissea è la ricapitolazione di tutto ciò che l'uomo dovrebbe essere. E la sua caratteristica è decisamente l'equilibrio tra andare e tornare, scoprire e sapere.

Kostantinos Kavafis l'ha saputo dire meglio di chiunque altro, ha espresso in maniera geniale e stupenda la forza di spinta e attra-zione che percorre Ulisse

> Sempre devi avere in mente Itaca –
> raggiungerla sia il pensiero costante.
> Soprattutto, non affrettare il viaggio;
> fa che duri a lungo, per anni, e che da vecchio

metta piede sull'isola, tu, ricco
dei tesori accumulati per strada
senza aspettarti ricchezze da Itaca.
Itaca ti ha dato il bel viaggio,
senza di lei mai ti saresti messo
in viaggio: che cos'altro ti aspetti?

Si potrebbe restare dentro l'Odissea per esplorare i mille volti dello sradicamento e la loro persistenza, l'eco che arriva fino ad oggi. Dalle Sirene a Calipso, Ulisse combatte molte volte contro la tentazione di un'àncora, contro la tentazione di mettere radici, così la sua esistenza di uomo si concentra nella perenne tensione tra andare, di nuovo, e restare.

La più antica tragedia che possiamo leggere per intera, *I Persiani* di Eschilo, contiene un passo, in cui appaiono due donne, Asia ed Europa. Entrambe sottomesse da Serse. Una delle due si ribella. Ed Eschilo vuole descriverne le caratteristiche, di Asia ed Europa, e facendolo individua il tratto costitutivo della donna-Europa rispetto alla donna-Asia nella pretesa di indagare la natura, di conoscere la natura al di fuori di ogni tradizione. Tratto costitutivo, radice primordiale dell'Europa, è la volontà di uscire dalla casa, dalla casa della consuetudine, del pensiero, della fede, dal confine. Il dominio sulla natura, sull'oggetto, la vittoria nella sfida epistemologica (*epistemè*-stare sopra) si può conquistare uscendo dal consueto, iniziando un viaggio personale e confermando il proprio sapere, che deve apparire razionalmente fondato.

In quella stessa Atene di Eschilo si definisce, in particolare gra-zie alla straordinaria figura di Socrate, la figura e il ruolo del filoso-fo, colui che contraddice l'ethos basandosi sulla ragione, sulla sua ragione. Ethos ha la stessa radice, etimologica, di *sedes*, quindi il pensiero filosofico, il pensiero dell'uomo fondato non sull'autorità impersonale della tradizione ma su quella legittimata dalla ragione, è un atto di sradicamento, è uscita da una *sedes*. Sradicare per defini-zione, vivere sradicati. Questa è la caratteristica dell'occidente contro ogni altra cultura.

La cultura latina ha confermato pienamente lo statuto nomade dell'individuo, fissando nello sradicato l'eroe fondatore della città e della civiltà romana, e ponendo nell'ibridamento di Oriente e Occidente la causa stessa della grandezza latina. Quando Virgilio, in piena età augustea, deve fissare l'identità latina, ricostruendola, come accade sempre, a posteriori, ricostruendola, appunto, rac-conta la straordinaria storia dello sradicamento che porta Enea dall'Oriente a Roma, a fondersi con un popolo del tutto diverso. Lo sradicamento, il viaggio, la contaminazione e il conflitto sono dun-que il DNA dei latini. E questa vicenda mi sembra ancora più affascinante di quella Odisseica, perchè è il frutto di un'inten-zionalità culturale, viene dopo secoli di riflessione sui rapporti tra Roma e la Grecia, viene dopo che Roma è diventata una potenza imperialista, e poteva quindi costruire un'epopea da vincitori, non aveva bisogno di una mitologia della contaminazione.

ENEA FUGGE DA TROIA CON IL PADRE ANCHISE E IL FIGLIO ASCANIO

Il filo che lega la genealogia culturale occidentale non può sfuggire dal nodo dantesco. Credo sia superfluo sottolineare il va-lore europeo della Divina Commedia, la sua qualità di matrice, nel senso proprio di stampo da cui si estraggono modelli e si ripro-ducono immagini e simboli. Potrebbe sorprendere ancora una volta che nella Commedia, laddove potremmo trovare una monolitica visione della cultura teocentrica, imperniata sull'immaginario cat-tolico e cristiano, invece troviamo fusioni di ogni tipo, una cultura universale e molteplice. E invece non deve stupirci, da uno come Dante, che sradicato (sebbene pienissimo di desiderio della sua terra) lo era stato per l'esperienza drammatica dell'esilio. Dante, come Ulisse, vive Firenze come Itaca, l'Itaca di Kavafis, la meta cui vorrebbe approdare, ma anche il motore primo del suo viaggio, viaggio intellettuale, etico, storico, filosofico. Alla fine Dante non ha nemmeno più bisogno di tornare a

Firenze, per essere fiorentino.

Il percorso che vorrei evocare porta ad una visione dell'identità, sia essa quella delle comunità, dei popoli, che quella degli indi-vidui, che si definisce prevalentemente attraverso lo slancio, il mo-vimento costruttivo, di apertura, piuttosto che di chiusura, un movimento che tiene sempre conto del punto di partenza, che cono-sce il senso dell'eredità, ma sempre, essenzialmente, un movimento che non si avverte, non si sente e definisce, su un'asse verticale. Non è mai accaduto, insomma, nella nostra storia, che si cercasse di costruire *pedigree* di purezza, per poter definire i caratteri distintivi di un uomo o di un popolo, piuttosto si sono raccontate storie di contaminazione, partenze e arrivi, spostamenti. La topografia iden-titaria, per tornare all'espressione che ho usato in partenza, è stata, nella cultura occidentale, sempre una mappa ricca di percorsi, es-plorazioni, incroci, scontri, a volte, ma non l'individuazione di una zona d'origine controllata. Tutta la storia occidentale è innervata da miti identitari fondati sul valore della scoperta, dell'esplorazione, della sfida, e non del radicamento.

Ci sono stati almeno due momenti di straordinaria rilevanza culturale che si sono appellati, in qualche modo alle radici. Il Rina-scimento e il Romanticismo. Questi due grandi e, come si sa, molto sfaccettati movimenti culturali, avvertirono l'esigenza fortissima di un richiamo al passato. Gli uomini del Rinascimento e i romantici credevano che nel periodo classico e nel medioevo, rispettivamente, si potessero trovare i modelli più alti, forse inarrivabili, cui ispirarsi.

Si tratta però di un riferimento a radici storiche, mai geogra-fiche. Goethe non cerca le proprie radici culturali nella letteratura, nella mitologia, della sua nazione, viene in Italia. Un famoso di-battito si accese nei primi anni dell'Ottocento tra gli studiosi italiani sull'opportunità di coltivare modelli letterari che venissero da altre tradizioni. La radice come richiamo ad un'appartenenza topolo-gicamente limitata è una caratteristica moderna, ed è una terribile tendenza regressiva. L'innalzamento dei confini nazionali, espe-rienza tutto sommato recente della nostra storia, e soprattutto l'af-fievolirsi di quella coscienza di appartenere ad un *continuum* storico che ha fatto sentire normalmente l'uomo erede di qualcosa e costruttore di un futuro, ha trasformato il ruolo dei fattori tempo e spazio nella determinazione di ciò che ciascuno pensa, crede, sente, di essere. È come se progressivamente sull'ideale carta d'identità che descrive ciascun uomo le determinazioni di classe sociale, di fede religiosa o politica, di appartenenza di genere, siano diventate meno importanti di quella primordiale determinazione data dal luogo di nascita, dal legame alla terra. Un processo che abbiamo chiamato in molti modi, nel secolo scorso, senza però aggredire abbastanza, anche da parte di chi l'ha combattuto, uno dei suoi tasselli fondamentali, proprio quel richiamo all'importanza delle radici, anzi l'espansione semantica del campo lessicale delle radici all'identità soggettiva, la sua equiparazione automatica ad una valorialità positiva.

Tempo e spazio si incrociano dunque nell'esperienza del sog-getto contemporaneo, esprimendo sempre un bisogno fortissimo di radicare l'identità del soggetto ma contemporaneamente mani-festando la difficoltà di sganciare la memoria soggettiva da quella storica, cioè di mettere nella prospettiva adeguata la breve memoria del soggetto dentro la più ampia memoria storica. Siamo al punto di rottura, a mio parere, alla ferita scoperta. L'uomo, gettato nel tempo (Heidegger) e quindi nella morte, deve costruire il proprio essere, e lo spazio della sua esistenza non sarà mai sufficiente, ma perdendo la possibilità di utilizzare la profondità di prospettiva storica non ha altra possibilità che tentare di aggrapparsi ad una profondità, tutta verticale (ma verso il basso) nella terra.

Un romanzo di Dave Eggers e un libro di Daniel Mendelsohn, recentissimi, mi permettono di trovare prove a questa idea. Entram-be i libri ruotano attorno al tema della ricerca del padre.

"Sento di non avere mai davvero conosciuto mio padre finché non ho cominciato a leggere seriamente i classici", dice Daniel Men-delsohn nel suo *Un'Odissea*, splendida storia di una crociera com-piuta da un padre e un figlio ripercorrendo i luoghi del viaggio di Ulisse, dopo avere percorso insieme le orme di Ulisse leggendo e commentando i libri di Omero.

La crescita patologica della metafora identitaria delle radici è figlia diretta della mancanza di padri. Quanto più non riusciamo a vivere con naturalezza il rapporto che storicamente ha determinato la nostra capacità di dirci, cioè di nominarci (dai patronimici degli eroi omerici in poi) tanto più si ingigantisce la necessità di ancorarci a una radice, appunto.

Se la cultura è stata, sempre, l'immagine di uno sradicamento, se è riuscita sempre a vivere il suo ruolo formativo educando agli sradicamenti, dicendo di loro, sublimandoli ed assumendoli quindi nella nostra esperienza di uomini, oggi questo non riesce perché nasciamo sradicati, soggettivamente sradicati. Il vincolo del sangue che rappresentava l'alfabeto naturale con cui scrivevamo il nostro nome, ha perso la sua leggibilità, in una iperculturizzazione dell'in-dividuo, o se volete in una de-naturalizzazione. E ciascuno di noi si trova come un foglio bianco, come una materia informe.

Dave Eggers, in *I vostri padri, dove sono? E i profeti, vivono forse per sempre?*, racconta la storia di un uomo che prende in ostaggio una sequenza di persone da cui spera di ottenere risposte, un astronauta, un politico, un insegnante, infine sua madre. E la do-manda del titolo è dentro la disperazione del protagonista, dove sono i padri? Chi ha la responsabilità delle illusioni tradite, chi doveva disegnare le prospettive di una vita, chi doveva guidarci verso un mondo migliore, chi doveva insegnarci un lavoro?

Si è rotta la fune che collegava memoria e immaginazione, sulla quale ha camminato l'uomo per molto tempo. La vita dell'uomo è tutta in questo cammino di funambolo tra memoria e immagina-zione. L'immaginazione che modella il futuro del soggetto vivente che costruisce l'orizzonte e ridisegna il confine giorno per giorno, ma che si fonda sulla memoria, e nel frattempo la determina, la memoria che è sempre anche memoria del futuro, del "sarà stato" e l'immaginazione che è sempre anche progetto del passato.

Memoria dell'uomo che è scritta in tutti i dispositivi culturali nei quali la sua esistenza è immersa, nelle storie, negli spazi costru-iti e modellati, nelle parole, nelle metafore, e infine riassunta nel suo corpo. L'affievolimento della forza della memoria del corpo è uno dei sintomi del malessere dell'uomo moderno. È, questo, uno dei nodi del nostro tempo. Il possesso del corpo, il suo ascolto come di cosa viva e costitutiva di ciascuno di noi in quanto soggetto. Sono sempre i poeti, gli artisti, i profeti che dicono il vero oltre il reale. Perciò si potrebbero leggere, tra i tanti, Pasolini, la sua attenzione al corpo, la sua lotta disperata per risacralizzarlo, oppure Kavafis, ancora lui, "si ridesta viva la memoria del corpo".

Ma se esiste una memoria del corpo, in noi, esiste anche una memoria del corpo sociale, una memoria fisica delle comunità, sen-sibile e parlante nelle sue membra, fatta di luoghi, di dispositivi giuridici, sociali. Ne abbiamo coscienza, ne abbiamo ancora co-scienza? O all'individuo è stata ormai sottratta la sensibilità della sua memoria comunitaria e oggi sovrappone costantemente la memoria individuale con la memoria storica, e quindi la nostalgia con il bisogno di radici.

Paternò, la mia città, è stata patria di una straordinaria categoria di artisti del Novecento, che ci offrono un esempio perfetto di cosa fosse un corpo sociale ancora vivo, in una visione culturale in cui conviveva il fortissimo attaccamento alla propria identità sociale e territoriale, esaltato perfino dall'utilizzo della lingua dialettale, con lo sguardo aperto a un mondo ampio, senza che il richiamo all'ori-gine si dovesse tradurre in rivendicazione e soprattutto senza che debba dare luogo al bisogno di incontaminarsi, di tornare puri o preservarvisi.

I cantastorie nel '900 usavano la piazza per raccontare storie di emigranti, di rivolte sindacali, di sopraffazione sociale, agivano il corpo sociale, ci incidevano sopra, con il loro stare sulla piazza, la memoria che si rispecchiava negli occhi e nelle orecchie dei loro ascoltatori, e nel frattempo attingevano all'immaginazione di ge-nerazioni contadine che sognavano un futuro e un presente del tutto diverso, e lo cantavano, lo traducevano in parole e musica. Nessuno aveva nostalgia delle proprie radici, nessuno aveva bi-sogno di attingere alla memoria personale per descrivere il mondo e nessuno sentiva di sognare sogni solitari.

UN'IMMAGINE DI CICCIO BUSACCA, IL PIÙ CELEBRE CANTASTORIE PATERNESE

La metafora delle radici, la sua diffusione pervasiva, hanno segnato dunque questo tempo in cui gli uomini hanno cercato nel confine una sicurezza, hanno desiderato muri per non smarrirsi dinanzi agli orizzonti troppo vasti da affrontare senza il sostegno di una cultura che desse senso e direzione al presente. Ma l'evidenza ci dice che non è questa la natura dell'uomo, che non ha radici, ma piedi per camminare. Le voci ancora oggi trionfanti che inneggiano alla chiusura dei confini, alla demarcazione delle differenze, riescono a suscitare la parvenza di una rassicurazione, semplificando il bisogno di conoscersi di ciascun uomo, riducendo la complessità di uno sguardo all'applicazione di un'etichetta, non riescono ad avere l'energia dei desideri, ma solo la violenza della rabbia, né la gioia della costruzione, ma solo l'angustia della costri-zione, nemmeno la dolcezza della malinconia, ma solo il vuoto della disperazione.

Quale paradigma può descrivere allora la contemporaneità nel rispetto della natura umana, riallacciando i fili della cultura euro-pea e non solo, continuando la storia degli immemorabili sradica-menti? Quello del soggetto nomade. Un soggetto che non si fonda sul radicamento e l'unicità, che non si definisce dal rapporto con l'alterità escludente, ma si nutre delle trasposizioni, delle metamor-fosi (sono entrambe parole chiave delle opere attualissime di Rosi Braidotti).

Il soggetto nomade è l'uomo di oggi, la cui individualità, a prescindere dal fatto che lui si muova o no dal luogo in cui nasce, si costruisce di riferimenti molteplici, ibridi nelle coordinate di spa-zio e tempo, ma perfino nella demarcazione di genere sessuale con le sue tradizionali attribuzioni antropologiche. Ma a questo sog-getto nomade, che sulla mappa del pianeta disegna una rete fit-tissima di spostamenti, di uomini, di merci, di capitali, di simboli, mancano ancora le parole per dirsi. Mancano parole nuove che declinino in positivo il desiderio o il bisogno di muoversi, che stacchino dalla terra la sua esistenza per farla scorrere più libe-ramente, che colorino di completezza e bellezza la molteplicità in-teriore. Poiché sono le parole la vera patria dell'uomo, la casa del-l'essere, sarà il dominio di parole nuove lo strumento con cui ovun-que, ciascun uomo, potrà alzare la tenda per sentirsi a casa, nomade e compiuto, piuttosto che migrante e in transito.

Border-crossing Madonna
Religious images and Multi-Ethnic Coalition in Kym Ragusa's
The Skin between Us

Cinzia Marongiu

When Kim Ragusa walked for the first time in the Madonna of Mount Carmel Procession, she realized she had been deprived of something she had needed during her life:

> I don't know the words to any of the songs, in any language, and I walk with the sense of shame that I can't add my voice to those of women around me. I feel as though I've lost something I never knew I had, something whose presence I can only sense in its absence. (144)

Kym Ragusa was in her thirties, and not long before she had lost her two grandmothers, Gilda (Italian American) and Miriam (African American). Living her childhood and adolescence at the intersection of these culturally and ethnically different communities, Ragusa struggled her entire life to straddle many borders. "Too black or two white depending on who was looking" (25), she grew up unsure about her identity. Not sure about what she was, Ragusa was finally determined to find a crossroad where her heritages could meet. "[R]etracing the steps of [her] grandmothers" (143), in this very procession she recovers secular rituals, she records changes and contaminations which give a new sense to the cult of Mary and a meaning to her hybrid identity.

The devotion to the Madonna of Mount Carmel in New York City "flourished among Italian immigrants and their American-born or raised children who lived around her" (Orsi xiii) The statue of the Virgin, imported from Italy, was crowned by Pope Pius X in 1904 and became the symbol of a link between the Italian migrants of Harlem and their homeland. In fact, Italian immigrants often "suffered a genuine sensory of dislocation after arriving in the new world" as Robert Orsi argues (169) and strived for a new sense of home. Consequently, they found in the Madonna of Harlem a consolation and secure sense of belonging. As a parish journal writes in

1928, the Church of the Madonna of Mount Carmel was the place where the Italian immigrants "found comfort and hope" (Orsi 164). People from the south of Italy, went to the church of *La Madonna della 115esima strada* as if they were going to their mother's house, a place as Robert Orsi maintains "of rest and stability" (164). The women of Ragusa's Italian American family devoted their entire lives to Our Lady of Mount Carmel. Gilda, Ragusa's grandmother, was married at the Church of Our Lady Mount Carmel in 1930. "She was the first to take the vow to love, honor. And obey before the figure of the Madonna, magnificent in a gilded robe and a jeweled crown, who stood watch in a niche above the altar." But it was Luisa, Ragusa's great-grandmother, who initiated the cult in the family. Luisa had been devoted to the Madonna since she arrived in America as a child, with her parents and siblings. She attended assiduously the religious functions at the Church of Our Lady of Mount Carmel; she, Ragusa writes, "went to mass there each day, from the time she was a teenager until the day she died" (127). Luisa baptized all her children at this Church and "devoted her entire life to the Madonna of Mount Carmel. She went to the first mass each morning—sometimes she just sat in one of the pews, praying for entire afternoons." (142) When her children grew up, her relationship with the figure of Our Lady became more intimate and intense, Luisa developed such a special attachment to the Virgin of the Carmel that in the end it became such as a filial relationship. Luisa addressed the merciful Madonna with confidentiality and tenderness, as Ragusa explains:

> After a while Luisa begins to speak openly to the Madonna, telling her of her troubles, her worries, using *the everyday language of her home*. It's as if she were a girl again, telling her own mother what it is that weights on her heart. She gazes into the soft brown eyes of the Madonna. Her Italian eyes. Luisa is sure the Madonna is looking back, enfolding her with her own gaze. (143)

Because the Madonna is the one who shared the dark and tragic side of the suffering, poverty, and homesickness of the Italian people, she comprehends Luisa discomfort entirely. The Virgin Mary and Luisa were on the same level, the Madonna of Mount Carmel is a mundane beauty with Mediterranean features, she understands Luisa because they speak the same language, and they share similar experiences: those of southern women, mothers, daughters, wives, and immigrants. Luisa's love for the Virgin Mary was invigorated by these intimate commonalities.

Together with this motherly and familiar side of the Virgin, Ragusa displays Mary's authoritative, quasi-omnipotent role. She is described "[l]ike the goddess of love [...] luminous, opulent" (145), an emblem representing almighty power.

Kym Ragusa highlight a different type of Marian devotion not infrequently expressed by other Italian American female writers or feminist theories, like for example Rose Romana or Sandra M. Gilbert. In fact, what is interesting about this worship is that the Madonna is not seen by the celebrants as an obedient, passive, and modest figure like the Christian model portrays her, but she triumphantly characterizes the "feminine power." Like Ragusa declares, she is "[n]ot an image of selfless maternity, but one of absolute sovereignty and limitless power. She is the center here, not Christ, not the Father" (145). Ragusa's women, as the author shows, appear to have relegated Christocentric rituals to the periphery of their devotional lives, concentrating instead on the Virgin Mary.

The prominent role of the Madonna in the Italian American religious imaginary is also underlined by other authors. Romano, for example, in her poem *Vendetta*, talks about the peculiarities of Catholic religion practice in her Italian American community, in which the Virgin Mary is the primary recipient of intercessory prayer and devotion, "although Christ exists, he is not the center," Romano affirms. This image sharply contrasts with the domestic life of Italian American women, embedded in father-headed society, and the Catholic concept of women in general that wants them, as one of the Catholic Church's greatest thinkers St. Thomas Aquinas argued in his *Summa Theologica*, "in a state of subjection" (2007, 2686) because the power of rational discernment is by nature stronger in men. Although there is a long Marian cult tradition in the Catholic Church, the Madonna is perhaps the most potent subject of Roman Catholic devotion overall,—for example, Pope John II himself was particularly attached to Our Lady of Fátima and credited her with saving his life after he was shot in Rome and emphasized the importance of Mary in the Church in the encyclical Redemptories Mater—its devotion and doctrine are anachronistic in terms of the aspirations and values. As Luce Irigaray (1991) in 'Women, the

Sacred, Money,' argues the fertile, corporeal, and maternal aspects of the Christian story have been neglected in favor of a life-denying religion based on the patriarchal and sacrificial relationship between a Father God and his crucified Son. And, she explicitly implores us to question the modes of inquiry we bring to sacred texts so that we might move away from our inherited (and paralyzing) nostalgias for the past toward a practice of interpretation that can open us out toward a more ethical future (Irigaray, 1993a: 86). Similarly, Julia Kristeva (1987), drawing on the insights of psychoanalysis, sees the cult of the Virgin Mary as contributing to the sublimation rather than the repression of the maternal relationship in Catholic Christianity, including its associations with the body, desire, and death.

In the light of this, one can see the feminist potential of Ragusa's Madonna. Juxtaposing the devotion to the Virgin Mary with the divested women's authority in the context of a patriarchal culture, Ragusa is sending a message of freedom and independence from oppressive man-oriented society. In *The Skin Between Us*, indeed, Mary stands forth as a powerful symbol capable of breaking out of the stranglehold of the Italian American patriarchal system, she glares independently of her Son, and she is also liberated from anachronistic secular rules, exercising a power separately from the Father. This is a sufficiently subversive image that questions the society and calls for a renovation. In this fashion, Marian tradition can shape attitudes toward women in ways that extend beyond the doctrinal beliefs and devotional practices of Catholic Christianity.

Alongside this women agency perspective, Ragusa emphasizes also the role of the Madonna of Mount Carmel in establishing cross-ethnic women's solidarity. Women's collaboration is among the crucial mean for enhancing emancipation and gender parity, especially among minority groups, which often are subject to the similar prejudice and vilification. Through the representation of bonds and commonalties across ethnic lines, Ragusa spotlights an affinity between Italian American and Latinos which goes beyond the religious cult grounding a panethnic alliance that involves the whole global south, of which, according to Ragusa, southern Italy is part, as we are going to show later.

As is evident in *The Skin Between Us*, women alliance does not start right on the streets, but begins at home. A clear example of female coalition is displayed in an episode of the momoir also connected to catholic figure:

Saint Anthony from Padua, whose devotion is often associated with the cult of the Blessed Mary.

SAINT ANTONY CULT AND WOMEN'S ALLIANCE

Notwithstanding the Madonna of Mount Carmel unchallenged power, in Ragusa's family, the saints were also important, particularly Saint Anthony. Sant'Antonio for his maternal and feminine physiognomy is a surrogate of the Madonna and therefore popular among the women of the Ragusa family. Ragusa writes of this saint: "In one arm he held a lily, in the other the baby Jesus—soft-featured and sad-eyed, almost maternal, he was a saint in whom women could trust with the lives of their children." In fact, in *The Skin Between Us*, Saint Anthony is called to heal a very sick child, Ragusa's father: "When he was nine-month-old, my father had almost died of a whooping cough. He had to have an operation on his lung [...]. Even after he came home from the hospital, it was still not certain whether he would live or die."

Luisa—who was a traditional healer, she knew herbs, potions, and spells to help recipients of her ministrations—tried to cure her grandson with the magic of the plants, but it didn't work. So, since "Luisa's magic couldn't help my father, nor could the magic of the doctors.," Ragusa further explains:

> she and Gilda prayed to Saint Antony, the healer of sick children and patron of lost causes. They built a shrine near my father's crib, a statue of the saint the size of a small child, surrounded by flowers. Each night they kept a vigil there, kneeling before Saint Anthony on the bare wooden floor until their knees ached. The saint gazed down on them, his pitying smile a reassurance that he understood their sorrow. [...] Votive candles flickered all over the darkened apartment—the musky rose with Gilda and Luisa's prayers: O holy Saint Anthony, gentlest of Saint, miracles wait on your words [...] My father survived, and the women rejoiced. (117-18)

While the Madonna is for public profession of faith and the church is her home; Sant' Antonio, was for private devotions and everyday miracles in Ragusa's home. Popular saints in Italy and in Italian culture, are venerated as protectors and healers, miracle-working saints. As Michael Carroll argues:

"a saint is a supernatural being who has the power to heal and protect and who is known to use that power on a fairly regular basis now—in the present" (*Madonna that Maim*, 33). Supernatural is in fact the right word. The Catholicism imported from Southern Italy, in fact, works in symbiosis with extra-canonical rituals contaminated with magic. Indeed, as Ragusa shows in *The Skin Between Us*, there many supernatural rites associated with the Catholic faith. Evidence of the coexistence of these magical and religious practices in the Italian American community is discernible in this passage where Kym Ragusa describes the protocol observed by her grandmothers to cure her father's illness. The sense of trust that Luisa and Gilda placed in the prayers and healing practices, very important for the intercessory power of the saint, the course and outcome of the illness, are part of the ethno-Catholicism of the South: "a folk religion," as Rudolf Vecoli describes it, "a fusion of Christian and pre-Christian elements, of animism, polytheism, and sorcery with the sacraments of the Church." (*Prelates and Peasant*, 228).[1]

The healing ceremony Luisa and Gilda performed, indeed, is like a shamanic ritual. It is an eclectic mix of religion and magic with kneeling before the Saint on the bare wooden floor, knees aching, lighted candles, night vigils, and prayers. But the most important element of this ceremony is the collaboration of two women, an all-feminine world that joints forces in the healing ritual. A bond, that of Italian women and religion, that is often emphasized by Ragusa. Religion, in fact, was, in general, a woman's matter in her house, and also a form of empowerment for the women of her family, usually dominated by men.

WOMEN BONDS IN OUR LADY OF MOUNT CARMEL PROCESSION

The bond of women and religion is accentuated in the ceremony of the Our Lady of Mount Carmel. The role of women is first underlined in the hard work they did back in Italy to embellish the statue of the Virgin of Mount Carmel with lace, brocade, and decorative elements: "A century ago, women in Italy embroidered with gold thread her brocade gown and cape.

---

[1] We may think of Padre Pio devotion among Italian in Italy and outside Italy. St. Pio of Pietrelcina, "who has often been called "The greatest mystic of the 20th Century" (Allen 2012, 5), became world-famous for his stigmata, miracles, and supernatural insights.

She wears gold filigree earring and a necklace heavy with jewels, and ornate crown rests on her long, loose brown hair." (145).

But women were (and are) also essential in the procession itself. Despite the Italian American society was dominated by men, during the days of the *festa*, the Madonna conveys her power to women. In fact, "[t]he streets were predominantly a male place" Robert Orsi argues "[e]xcept for a short period of July, men used the street to display their power and authority; the exception was, of course, the *festa* of the Madonna, when women took over the streets" (1985, 35). The *festa* is described in detail in *The Skin Between us*. Ragusa retraces the steps of her grandmothers and remembers the Virgin of Mount Carmel worship and the praise of the Italian women. The Virgin Mary shows up in her spiritual splendor and her sumptuous dress and travels in the procession as a royal personality among her vassals. Ragusa compares her to the goddess Aphrodite who rises from the Ocean: "The Madonna glides by a cloud of white and gold, underneath a canopy topped with huge, glittering crown. She's surrounded by flowers, no, she's rising up the flowers themselves as Aphrodite rose from waves" (145).

Robert Orsi observed that the feast of the Madonna of Mt. Carmel, which has been celebrated since 1881, reflects the changing of the social and racial position of Italian Americans. Originally, it functioned as a central public event and was the site for the construction, elaboration, and performance of the Italian American identity. (322) But today, fewer and fewer Italian Americans participate in the procession, whereas the number of other ethnic groups devoted to the Madonna of Mount Carmel is growing. Indeed, Robert Orsi and Elisabeth McAllister remark the presence of an increasing number of Haitian immigrants taking part in the procession in more recent years. The church of Our Lady of Mount Carmel on 115th street functions for Haitians as an alternative pilgrimage site to that of Saut d' Eau in Haiti, where a very large number of Haitians come to commemorate La Viej Mirak (The Miracle Virgin). McAllister states: "it is surely the largest annual religious gathering of Haitians in North America. It takes place the same moment when thousand Haitians flock to the mountainside waterfall at a village called Sodo [...] for La Fet Viej Mirak (Feast of miracle Virgin)" (McAllister 1998, 943)

Ragusa traces the procession's more recent evolution and underlines this multicultural dimension the procession has acquired, which now attracts not only worshippers of Italian descent but also Catholics with other racial and linguistic backgrounds. Not only she does indicate this multiethnic change in the ceremony, but Ragusa also shows, a change in the streets of the once Italian Harlem neighborhood, which now resembles a "geological formation" for the layers of migration that it has witnessed (145).

> The procession winds past bodegas and funeral homes, the projects and the older apartment buildings, schools and other churches, Catholic, Pentecostal, Baptist. Past botanicas, their windows crowed with sanctified candles, healing herbs, and life-sized images of Catholic saints and African goods; past Mexican taco stands and vegetable vendors selling smoky dry chiles the color of bittersweet chocolate. Past Morrone's Italian Bakery, where the signora who came to the neighborhood as a young woman from the Campania is still making friselle, anisette and biscotti, and braided semolina bread topped with sesame seeds. This neighbor is an almost geological formation, stratified by waves of migration, years of occupation and contestation, different communities who have all called it home. (144-145)

But the most important element is that Ragusa locates in the procession a notion of female empowerment by emphasizing its gynocentric dimension, she stresses the presence of hundreds of women of every color united in the cult of the Madonna gathered around the statue of the Virgin. Each woman prays to the Madonna in a different way, as we can read: "there are hundreds of people all around me, mostly women, Italian Americans, and Puerto Ricans, Mexican and Haitians, all moving together like an exhalation of breath." (143-144). During the procession, as Caterina Romero observed in the afterword of *La pelle che ci separa*, the women's alliance - the one with the women present at the procession and that with the Madonna- becomes stronger and more intimate (*Una capacità quasi acrobatica*, 261). The Virgin becomes an emblem of feminine bond: she is a mythical "queen" merging together different universes and different traditions.

Although the Italians kept their faith and traditions safe within the boundaries of the neighborhood for decades—Orsi points out, "Italian-American identity in the United States meant denying the proximity of the too proximate racial other" (*Italian Harlem*, 324)—what transpires in Ragusa's narration is not a boundary, but instead a porous border where people, colors and culture intersect. Thus, despite the reluctancy of Italian Americans to accept newcomers, inevitably new forms of coexistence "emerge from the bottom and grow to be openly recognized and celebrated in public space" (Berking et al. 2018, 104). The procession of the *Madonna del Carmelo* is emblematic of this multicultural cohabitation, it the terrain where these cultural exchanges emerge. Whether this celebration will retain its specifically Italian character is a question, however, this multicultural mixing enables Italian Americans to continue their treasured traditions. In fact, consciously or unconsciously the incorporation of these newcomers into their expression of religious and communal identity illustrates Italian American adaptation and continuance local traditions.

However, religious celebrations are not merely a signifier of a communal membership or a badge of difference that is unimportant in and of itself. It is not exaggerated to say the Lady of Mount Carmel procession retains, in the broad sense of the word, a political character as it is the stage to celebrate ethnic groups pride in front of a large audience, making minorities visible "with the result that certain bodies are pictured as accepted occupant of the public space" (Berking et al. 2018, 107).

The political dimension of the procession is evident in *The Skin Between us*, especially by the ending of the ceremony where the author suggest an alliance of the global south, to which southern Italy belongs according the author. Displaying a fusion of rituals and religious symbols, which have become part of the procession, Ragusa unveils the cultural similarities that Caribbean, South America and the Meridione (south of Italy) and a faith pluralism founded on respect, in which everybody stands on an equal footing. The Italian American Church in Harlem seems to wholeheartedly embrace all of the other nuances of Catholicism, allowing other minority communities to parade together. In conjunction with Italians, Puerto Ricans and Mexicans participate in the procession of La Virgen. But are the Haitians, who chant to the Madonna in French Creole, are the ones who dominate the ceremony.

> Everywhere there is singing, songs of devotion to La Santissima, La Virgen, voices filling the air in Spanish and Italian, French and Creole. The Haitian women's songs rise above the other voices, they sing unison. [...]

At the head of the procession, the marching band –young Italian American men playing trumpets and drums and tubas—breaks into the Italian national anthem. The songs of the women grow more intense, punctuated by weeping and whispered prayers and shouts of praise. The Haitian women come up closer, surrounding the Madonna, their arms outstretched. A canopy of black women's hands above me. Maman! (43-46)

The procession assumes a parade-like character, with notable theatrical elements. The road becomes the stage; the participating members the actors; the people lining the road, the audience. The multifarious chorus that extemporizes a dance around the statue is another obvious theatrical element. But what leaps out of this picture is the connection between southern Italy and the global south, embedded in a larger choral scene of devotion to the Madonna where skins of every color and voices singing in four different languages blend together. Italian intersect with other ethnicities according to new trajectories that underpin a broader vision of the South, like is suggested in this evocative similitude of Italian and African women: "Italian women would carry huge tiers of lighted candles on their heads as they walked in the procession, almost as though they were returning home from well or the field. [...] It's such an African image to me, a woman carrying what is most precious on her head: water, grain, fire" (143). Ragusa unveils an original relationship with the Italian women of South and African women which helps her reconciles her two ethnic sides into a single image where all the dichotomies disappear.

Religion boundaries are also disordered and resettled by new pagan overtones. "Our Lady of Mount Carmel is also the Vo0doo" as Maria Laurino, explains in an article in the New York Times (July 23, 1995), since there is "growing number of Haitians who have been participating since the 1980's see the Madonna through the prism of both Roman Catholicism and Afro-Haitian traditions."

How different is the Afro-Haitian pagan tradition from the folk tradition brought by Southern Italians in America? *The Skin Between Us* doesn't show any difference. Italians are not so alien to pagan practices as mentioned previously. While walking with the Madonna, in fact, Ragusa notes the resemblances between the two worlds which after all two sides of the same coin.

In conclusion, the religious devotion to Our Lady of Mount Carmel is now a hallmark of faith for many Italian Americans as it is for many Puerto Ricans, Mexicans and Haitians. The cross-cultural procession of the Our Lady of Mount Carmel through the main arteries of East Harlem embodies the profound ethnic change and complex intermingling of past and present and represents the coming together of all these cultures and beliefs. Whereas in the past, the procession formally recognized, supported, and thereby reinforced Italian ethnic identity and cultural continuity. Today it is not a matter of reinforcing ethnicity, but rather of emphasizing members' religious commonality. In short, the memoir's representation of the Virgin Mary is far from traditional. Ragusa converts the Madonna from a purely Christian figure into a kind of earth mother goddess who possesses the power to serve as a "mother" to all who reach out for her. And in this very procession, Kym Ragusa makes out new connections, new proximities that encourages a transnational perspective that links the South of Italy to the global Souths, in particular, southern Italy and Africa. She discloses rituals that belong to both her Italian and African ancestors, coexisting in harmony; and discovers contaminations and fascinating hybridity that make her feel at home.

BIBLIOGRAFIA

Thomas, Aquinas, Saint, 1225?-1274. The "Summa Theologica" of St. Thomas Aquinas ... London: Burns, Oates & Washburne, ltd., 192042.

Berking, Helmuth. Steets, Silke. Schwenk Jochen (eds). *Religious Pluralism and the City: Inquiries into Postsecular Urbanism.* London: Bloombury Publishing, 2018.

Carroll, Michael. *Madonnas That Maim: Popular Catholicism in Italy since the Fifteenth Century.* Baltimore: Johns Hopkins University Press, 1992.

Cosco, Joseph. *Imaging Italians: the clash of the Romance and Race in American Perception, 1880-1910.* Albany: State University of New York, 2003.

Curti, Lidia. "Women's Literature of Migration in Italy," in *The Culture of Italian Migration: Diverse Trajactorie and Discrete Perspectives,* Eds. Graziaella Parati and Antony Julian Tamburri, Rowman & Littlefield Publishing Group, Plymouth, 2001.

Gilbert Sandra. Gubar, Susan. *The Madwoman in the Attic.* New Haven: Yale University Press, 1979.

Irigaray, Luce. *Marine Lover of Friedrich Nietzsche.* New York, 1991.

John, Paul. *Encyclical Letter Redemptoris Mater of the Supreme Pontiff John Paul Ii on the Blessed Virgin Mary in the Life of the Pilgrim Church*. Ottawa: Canadian Conference of Catholic Church, 1987.

Kristeva, Julia. "Stabat Mater," in *Tales of Love*. New York, 1987 [1983].

Laurino, Maria. "Neighborhood Report; Sharing a Saint: The 2 Worlds of Our Lady of Mount Carmel." *New York Times* (July 23, 1995).

Orsi, Robert. *The Madonna of 115th Street: Faith and Community in Italian Harlem, 1880-1950*. New Haven: Yale University Press, 1985.

_____. "The Religious Boundaries of an Inbetween People: Street *Feste* and the Problem of the Dark-Skinned Other in Italian Harlem, 1920-1990." *American Quarterly* 44.3 (September 1992): 313-347.

McAllister, Elisabeth. "The Madonna of 115th Revised." In *African American religious Thoughts. An Anthology*. Cornel West, Eddie S. Glaude (eds). Louisville, London: Westmister John Knox Press, 2003. 942-976.

Ragusa, Kym. *The Skin Between Us*. New York: Northon Company, 2006.

Romano, Rose. *Vendetta*. San Francisco: Malafemmina Press, 1991.

Romeo, Caterina. "Una capacità quasi acrobatica," in *La pelle che ci separa*. Kym Ragusa. Roma: Nutrimenti, 2006, 249-270.

Vecoli, Rudolph J. "Prelates and Peasants: Italian Immigrants and the Catholic Church," *Journal of Social History* 2.3,1 (March 1969): 217-268, https://doi.org/10.1353/jsh/2.3.217.

La trasmissione della cultura scientifica nel Mediterraneo
Il *Regimen sanitatis salernitanum*
tra edizioni, ristampe e *ars medica*

Paola Nigro

La Scuola medica salernitana, antica istituzione dell'Europa occidentale per l'insegnamento non solo della medicina, ma anche delle scienze, del diritto, della filosofia e della teologia, rappresenta tutt'oggi una vera e propria metafora del Mezzogiorno,[1] all'interno della quale vengono fatti confluire i punti nevralgici della trasmissione della cultura scientifica nel Mediterraneo.

Le sue radici, da rinvenire nella tradizione classica ippocratico-galenica, tradizione che combina perfettamente le cognizioni scientifiche greco-bizantine, creando una sinergia culturale di saperi, risalgono al principio del IX secolo, allorché Salerno, città del Sud Italia dotata di un'importante sede vescovile e di un castello longobardo, costituiva un rilevante punto di snodo di intensi traffici commerciali e marittimi con Oriente e Africa, mediati da Amalfi e dalla Sicilia.

Luogo di approdo dei soggiorni di peregrini greci e arabi, tra cui il medico e taumaturgo S. Saba, la cui presenza in città risale agli anni Ottanta del X sec., Salerno rappresentava nel Medioevo il contenitore della cultura scientifica trasmessa da grandi studiosi di medicina e filosofia, giunti attraverso quel mare che ha da tempo immemore forgiato e scandito i caratteri distintivi della civiltà europea: il Mar Mediterraneo.

Lo studio della medicina era a Salerno praticato da eminenti scienziati e da ottimi medici; l'arte sanitaria veniva esercitata da monaci che tramandavano l'insegnamento oralmente e operavano nelle infermerie annesse ai monasteri allocati attorno al monte Bonadies, a ridosso della spiaggia e del castello longobardo.

---

[1] La Scuola di Salerno già vantava prima del 1000, una lunga e gloriosa esistenza. La venuta a Salerno del vescovo di Verdun nel 984, *ut a medicis curetur*, quella di Rodolfo Malacorona nel 1059 per discutere di medicina, *ubi maximae Scholae ab antiquo tempore habentur*, risultano testimonianze notevolissime della sua antichità e della fama da essa raggiunta, fin da tempi remoti, trovando esatta conferma nel noto verso di Alfano: *Tum medicinali tantum florebat in arte* (GHERLI XVIII).

Nel Medioevo ci si recava a Salerno da ogni dove per riacquistare la salute, fidando nella sapienza dei suoi famosi medici, e fu proprio questo aspetto che garantì alla città, inserita all'interno del regno longobardo e in stretti rapporti con la Curia romana, di mantenere viva a lungo la tradizione greco-latina, sì da essere chiamata *Urbs graeca* o *Hyppocratica civitas*.[2]

Partendo da questo presupposto è possibile considerare la Scuola medica salernitana una manifestazione evidente di quel "sincretismo mediterraneo"[3] che fu nello stesso tempo incontro e fusione di culture, che contraddistinse il Sud d'Italia in un preciso periodo storico e da cui scaturirono frutti culturali e artistici originali e raffinati.

Suddivisa dallo studioso Karl Sudhoff in tre periodi: il primo, dalle origini all'arrivo del monaco cartaginese Costantino Africano, che introdusse le sue traduzioni latine di opere arabe intorno all'anno 1000; il secondo, dall'XI al XIII secolo, noto come 'periodo aureo' della Scuola che coincise con la conquista normanna, e il terzo, periodo della decadenza che cominciò nella prima metà del XIII sec., la Scuola medica salernitana affonda le sue radici nell'alveo di quei processi di crescita economica, sociale, politica e culturale che interessarono l'intero Occidente cristiano. Fu proprio in questo frangente che l'Italia meridionale che venne più volte ridefinire il suo ruolo, configurandosi come un'area conservativa di elementi del mondo antico e bizantino a partire dal I millennio e fino a tutto il secolo XI.

Un interessante spunto di indagine potrebbe aprirsi a questo proposito in merito ad alcune domande a cui la critica non ha dato ancora una risposta esaustiva e univoca.

Ci si potrebbe chiedere, da un lato, perché proprio nella città di Salerno fosse fiorita una molteplicità di scuole private e si fossero alternati maestri di grande prestigio internazionale a partire dal X secolo, imponendo indirizzi, metodi e contenuti di studio rimasti poi stabili fin quasi alla sua chiusura ad opera di Gioacchino Murat nel 1811.[4]

Si potrebbe indagare, d'altro canto, anche su quale possa essere la provenienza dei testi di medicina e delle sillogi di opuscoli teorici e pratici, le cosiddette *Summae*, oltre che dei *Commentarii* agli *Aforismi* di Ippocrate e

---

[2] SINNO 1973.
[3] VITOLO 2007.
[4] MUSI 2002.

delle opere di Galeno, di Alessandro di Tralle o Tralles, di Paolo di Egina, di Apuleio e di Dioscoride.[5]

Dal momento che a Salerno, come osserva lo storico Giovanni Vitolo, erano presenti *immensa volumina librorum* attribuiti da un agiografo di Minori del X sec. all' archiatra salernitano Gerolamo; *immensa volumina* che contenevano molto probabilmente quelli che saranno in seguito chiamati: *passionarii, antidotaria, dynamidia* (ne fornisce un esempio il *Passionario* di Garioponto, risultato di una cooperazione tra i maggiori medici del tempo e il suo *Liber Dynamidios* nel quale vengono analizzate le proprietà delle piante e la loro applicazione pratica), è plausibile ritenere che molte traduzioni di testi fossero giunte a Salerno grazie alle peregrinazioni e ai soggiorni più o meno lunghi di monaci italo-greci.

Le possibili linee critiche e interpretative potrebbero, di conseguenza, essere indirizzate *in primis* alla considerazione dei rapporti che intercorrevano tra Salerno e l'abbazia di Montecassino ai tempi dell'arcivescovo Alfano I, autore agli inizi dell'XI sec. del *De pulsis,* opera sull'analisi dei battiti del polso e del *De quattuor humoribus corporis humanis* incentrato sulla teoria dei quattro umori. Un ulteriore spunto di ricerca potrebbe rivelarsi il legame esistente tra Salerno e un'altra città del Mediterraneo appartenente ad un territorio limitrofo: Velia, sede anch'essa di un'importante scuola medico-filosofica. Nondimeno elementi di forte affinità sarebbero da rinvenirsi in una città del Mediterraneo ben più distante da Salerno: Alessandria d'Egitto, sede di istituzioni scolastiche e culturali, organizzata, a quanto sostiene lo storico Vitolo, secondo un modello di insegnamento della medicina e della filosofia "iatrosofistico", che avrebbe notevolmente influenzato quello salernitano, e che a sua volta deriverebbe da centri arabi appartenenti al territorio nordafricano (VITOLO 541).

Nella città di Salerno la medicina si praticava non solo ad alti livelli, ma veniva anche studiata in importanti scuole («*in urbe Salernitana, ubi maxime medicorum scholae ab antiquo tempore habentur*») (535-537). Si trattava perlopiù di una medicina "olistica", empirica e assistenziale, praticata anche da medici laici e da donne (NIGRO 10-11), una medicina che considerava il

---

[5] Augusto Beccaria individua nei secoli IX-XI sedici codici in scrittura beneventana prodotti in Italia meridionale in un'area compresa tra Montecassino e la Puglia (537).

corpo umano nella sua interezza come un microcosmo all'interno del macrocosmo della natura.

Secondo quanto affermano le fonti storiche del XII sec., tra cui l'*Historia ecclesiastica* del monaco inglese Oderico Vitale (1075-1143), a Salerno ci si recava tra VIII e XIII sec. per recuperare la forma perfetta e l'equilibrio di corpo e mente, grazie anche alla cura dei malati praticata attraverso medicamenti basati sulle proprietà terapeutiche di piante officinali, i cosiddetti "semplici", favorendo così la produzione di farmaci tratti dai vegetali e la trasformazione della medicina in una vera e propria disciplina.

Fu comunque il XII secolo a rappresentare per la Scuola il momento più interessante della sua produzione; momento nel quale i suoi maestri assunsero un atteggiamento più critico nei confronti degli antichi insegnamenti, realizzando anche il passaggio dal *compendium* inteso come semplice collezione di norme e principi, al *commentarium* che si evidenzia come vera e propria elaborazione di modelli arricchiti da osservazioni e annotazioni.

Alla fine del XII secolo, Maestro Mauro realizzò un *corpus* di testi classici costituiti dall' *Isagoge* di Johannitius nella traduzione fornita da Costantino l'Africano, dagli *Aforismi* e dai *Pronostici* di Ippocrate, dal *De urinis* di Teofilo, dal *De pulsibus* di Filarete e dall' *Ars parva* di Galeno; *corpus* adottato dal XIII secolo in poi e stampato sotto il titolo di *Articella*, che costituì la base dell'insegnamento medico fino al XVIII secolo.[6] Profondi conoscitori del mondo vegetale e abili manipolatori di erbe, i maestri salernitani indagavano scientificamente e classificavano le piante in base alle loro proprietà medicamentose, diversamente combinate e dosate a seconda delle varie applicazioni terapeutiche.

L'opera fondamentale della botanica medicinale medioevale nel XII sec. resta comunque il *De simplici medicina* o *Circa istans*, trattato sui semplici per lo più di origine vegetale, composto di 273 capitoli e fondato sulle conoscenze erboristiche di autori quali: Ippocrate, Galeno, Oribasio, Costantino l'Africano. Opera attribuita al maestro salernitano Matteo Plateario, il *Circa istans* costituisce un testo prototipo del cosiddetto filone di enciclope-

---

[6] L'*Articella* è una vera e propria silloge dei trattati medici che costituirono per secoli la base dei *curricula* degli studenti universitari di medicina nel Medioevo, adottata prima a Parigi e poi a Salerno, dove fu compendiata dalle glosse dei medici salernitani Mauro, Ursone e Bartolomeo, a cui si affiancò anche, nella seconda metà del XIII sec. il *Liber Canonis* di Avicenna. Cfr. http://www.accademiajr.it/medweb/articella.html, consultato il 13/12/2018.

die dei semplici e delle loro virtù, diffusosi sotto il nome di *Secreta salernitana*.[7]

Importanti progressi furono realizzati dai medici di Salerno anche nel campo dell'uroscopia con la diffusione delle dottrine di Egidio di Corbeil e della oftalmoiatria, la cui pratica chirurgica ebbe grande approfondimento grazie agli studi di Benvenuto Grafeo, vissuto nella seconda metà del XIII e autore del *De arte probatissima oculorum*. Altri insigni maestri sono da rinvenire in Giovanni Afflacio, autore del cosiddetto *Liber aureus*, contenente i trattati sulle urine, Maestro Bartolomeo, autore della *Pratica* nella quale emerge un metodologia che prescrive il giusto rimedio per ogni malattia, studiandone cause e sintomi; Cofone, autore del *De anatomia porci*, uno dei pochi trattati salernitani di anatomia e del *De arte medendi* e, infine, Maestro Salerno o *Magister Salernus*, a cui sono attribuiti il *Compendium*, le *Tabulae* e il *Catholica*, trattati di terapia generale, utili alla preparazione di medicamenti nei quali il maestro indica come avvalersi delle proprietà delle varie erbe e come combinarle fra loro per ottenere farmaci.

Un'ulteriore e fondamentale linea di ricerca e, forse la più degna di attenzione, sarebbe quella che collega il concetto della trasmissione della cultura scientifica nel Mediterraneo e il *Flos medicinae Scholae Salernitanae* o *Regimen Sanitatis Salerni*, ovvero *La regola sanitaria salernitana* di Salerno, che rappresenta l'opera più significativa della letteratura medica salernitana.[8]

Il *Regimen sanitatis salernitanum* si presenta come un vero e proprio prontuario di precetti medico-sanitari raccolto nel XIII sec. e commentato dal medico e alchimista catalano Arnaldo da Villanova, che ben s'inquadrerebbe nel filone letterario di opere a carattere enciclopedico quali: i *tacuìna* o *theatra sanitatis*, e dei cosiddetti *regimina*, in cui, accanto all'illustrazione degli elementi della natura vi è anche quella degli alimenti, degli stati d'animo e delle stagioni, allo scopo di salvaguardare la salute mantenendo un perfetto equilibrio tra uomo e natura.

---

[7] I *Secreta Salernitana* appartengono ad un filone di testi medici illustrati e scritti nei primi decenni del XIV secolo in area salernitana contenuti nel *Codice Egerton 747* della British Library (BARTHOLOMAEUS MINI 2009).
[8] SINNO 1973.

Grazie alla diffusione del sapere medico medievale e all'assi-milazione della cultura greca operata dagli arabi, avvenne che i trattati di Ippocrate con la "teoria dei quattro umori", base della medicina sperimentale e scientifica, e quelli di Galeno che rappresentano una sintesi di arte e scienza, in quanto inglobano studi di anatomia, fisiologia e neurologia, venissero tramandati nel Medioevo e oltre proprio dalla Scuola medica.[9]

Il pensiero arabo dominò anche la storia della scienza e Aristotele giunse alla Scuola Salernitana attraverso Galeno, Avicenna e Averroè, i cui testi furono veicolati da Costantino Africano, primo divulgatore della scienza islamica in Occidente e traduttore degli *Aforismi* e dei *Pronostici* di Ippocrate, oltre che del *Trattato sulle malattie acute*, tutte con i commenti di Galeno di cui aveva tradotto l'*Ars parva* e altre opere.

Non è un caso che la storia della nascita della Scuola sia anche associata a quella dell'incontro sotto l'antico acquedotto dell'Ar-ce, tra un ebreo di nome *Helinus*, un arabo di nome *Abdela*, un greco detto *Pontus* e un latino chiamato *Salernus*, e che il *Regimen Sanitatis Salernitanum* sia strettamente legato alla leggenda della visita di Roberto II duca di Normandia promesso al trono di Inghilterra che, di ritorno dalla prima Crociata intorno al 1099, ferito gravemente ad un braccio, si diresse a Salerno per essere curato dai famosi maestri salernitani, ricevendo in dono un *vademecum* per mantenersi in buona salute: appunto il *Regimen*.

Ritenuto il documento letterario per eccellenza dell'antica medicina greco-araba, il *Flos medicinae Scholae Salerni* rese popolari per ben otto secoli i precetti igienico-sanitari che fino ad un certo momento erano stati patrimonio esclusivo della città campana.

Sul *Regimen* aleggia da secoli una sorta di "questione omerica". Di esso non si conoscono né la data precisa di compilazione, né l'autore o gli autori (NIGRO 13-16), ma si presume che i primi versi siano stati scritti intorno

---

[9] Nei secoli successivi assume un notevole rilievo la personalità intellettuale di Agostino Nifo, membro della corte dei Sanseverino di Salerno e docente di medicina, logica e filosofia naturale presso lo Studio della città campana nell'età del primo Rinascimento italiano, a testimonianza della fortuna di Aristotele tra Quattro e Cinquecento. Proprio a Salerno si era formata, infatti, una linea di aristotelismo laico fin dal secolo XII e da qui si era diffusa nelle altre università italiane, tra cui Napoli, Bologna e Padova, riprendendo vigore agli albori del Cinquecento. La tradizione scolastica fu poi arricchita di nuovi contributi caratterizzati dall'inserimento nel programma didattico delle Università degli cosiddetti *Studia humanitatis*, strutturati in: retorica, poetica, storia e filosofia morale (MUSI 2002).

al X secolo e che fosse dedicato ad un non bene identificato re d'Inghilterra, riconosciuto dalla critica ora nella figura del già citato Roberto II duca di Normandia, ora in quella di Edoardo III che regnò in Inghilterra tra il 1042 e il 1060 o in quella di Riccardo Cuor di Leone che dimorò nella città nel settembre del 1190.

Lo studioso salernitano Salvatore De Renzi nega al *Regimen* un'origine determinata e qualsiasi unità stilistica, rifiutando ogni possibilità dell'esistenza di un unico autore di un poema in versi così differenti tra loro per natura e per stile, avallando l'ipotesi di riconoscere Arnaldo da Villanova quale raccoglitore dei versi suddetti. L'equivoco sulla paternità dell'opera attribuita per secoli ad Arnaldo, nasce dal fatto che il Villanova fu realmente l'autore di un *Regimen sanitatis* in prosa, in realtà dedicato al re Federico d'Aragona e del quale, secondo l'edizione di Basilea del 1585, si sarebbe appropriato un tal Magnino, di origine milanese, da identificare in Giovanni da Milano, discepolo di Costantino l'Africano e ritenuto nella *Bibliotheca* di Giorgio Schenck nel 1609, autore del *Flos medicinae Salerni*. La critica non è tuttavia orientata a considerare Giovanni da Milano autore indiscusso del *Flos*, quanto piuttosto un raccoglitore di quei versi, probabilmente anche in un periodo posteriore all'attività del Villanova.

Non si può dire, dunque, che esista un unico testo del *Flos medicinae Salerni*, sebbene ne esistano molti, tanti quante sono le varie redazioni che compaiono nei singoli codici o nelle singole opere a stampa. Riguardo all'estensione, il testo più breve consta di otto versi e il più lungo, ne conta ben 3500 di provenienza diversa, anche extrasalernitana. Il "codice archetipo" risalirebbe al secolo XIII, mentre la data dell'*editio princeps* non può essere ben stabilita, perché le prime edizioni non riportano l'anno della pubblicazione; si ipotizza, però, che l'anno 1480 possa essere la data esatta della prima edizione a stampa.

C'è da dire, inoltre, che le prime edizioni del *Flos* o *Regimen* presentano una certa uniformità e recano all'incirca 380 versi con commento, mentre gli altri codici divergono maggiormente tra loro. Tra le redazioni più copiose che comparvero per la stampa già nella prima metà del '500 si ricordano quelle curate da G. Curione a Francoforte nel 1538 e nel 1545, recanti le prime interpolazioni; altre edizioni degne di nota furono quelle di Renato Moreau a Parigi nel 1625 (si tratterebbe di un testo interpolato e accompagnato da un ampio commento munito di indice) e l'edizione dedicata al cardinale di Richelieu, nella cui prefazione si farebbe riferimento alla leggenda della morte di Sibilla, moglie del già citato duca di Normandia Roberto II. Celebre a questo proposito è l'immagine della scena del saluto di Roberto, raffigurata nella miniatura che appare nel *Ms. 2197* del *Canone di Avicenna* (codice del XV sec. attualmente conservato presso la Biblioteca Universitaria di Bologna), unica immagine sicura, sebbene idealizzata, della Scuola medica di Salerno. Guarito grazie al sacrificio di Sibilla, figlia del Conte di Conversano, che di notte succhiò il veleno dalla ferita al braccio del consorte, Roberto si apprestò a tornare in Inghilterra, ove l'attendeva il trono reso vacante per la morte del fratello Guglielmo e, prima di lasciare la città, il futuro sovrano pensò di chiedere ai terapeuti salernitani un *vademecum* dei princìpi dell'ar-te medica (13).

Il *Flos* assunse poi un nuovo aspetto nell'edizione curata da Ackermann e pubblicata a Stendhal nel 1790, all'interno della quale ritorna il primitivo testo di Arnaldo da Villanova, senza commento, ma preceduto da una lunga prefazione sulla Scuola.

È importante, infine, sottolineare che il *Regimen* fu una delle opere più tradotte al mondo e più ristampate a livello europeo tra Cinquecento e Seicento, anche perché conobbe diverse edizioni che la portarono dai 362 versi della *editio princeps* del 1479 ai 394 dell'edizione di Francoforte del 1557, dai 401 dell'edizione londinese del 1617 ai 452 dell'edizione francese del 1671, dai 1236 dell'edizione francese del 1842 ai 2130 di quella di De Renzi del 1859 (DE RENZI 110).

Ciò a conferma della sostanziale diffusione dell'opera a livello europeo, grazie non solo ai viaggi e alle peregrinazioni nel Mar Mediterraneo, ma anche e soprattutto alla circolazione delle traduzioni mediche dall'arabo fino all'anno Mille e all'influsso decisivo che la civiltà araba esercitò non solo sulla civiltà occidentale, ma anche sulla letteratura, sulla filosofia e sulla scienza.[10]

Nel caso dei *Regimen* ci si trova, in sostanza, di fronte ad un lavoro assemblato da più mani di diversa levatura mentale e capacità professionale, mani che si inseriscono nel poema in tempi successivi, venendo ad aggiungere nuove elaborazioni empiriche e letterarie al nucleo originario del poema e alla versione trasmessa oralmente dagli studenti dell'epoca. Raccolta di precetti

---

[10] MUSI 2002.

medici pregni di una profonda maturità e saggezza, protesi all'acquisizione di uno stile di vita sano e scevro da cattive abitudini ed eccessi, forniti attraverso giudizi di una semplicità disarmante, il *Regimen sanitatis* è un perfetto testimone dell'indirizzo pragmatico e dell'ottica salutistica della Scuola salernitana e dello spessore scientifico del corpo di conoscenze di medicina igienico-popolare, rese attuabili attraverso un intenso fiorire di *regimina* tra il XII e il XV secolo, all'interno dei quali è stato possibile ravvisare i gusti, le consuetudini, le convinzioni, gli interessi, gli eccessi e le tendenze dell'intera società tardomedievale.

Il poema è, in conclusione, una cucitura di brani di varie epoche e di autori diversi, in quanto sono evidenti al suo interno, da una parte l'assenza di uno schema ordinatore e un tormentato procedere per digressioni, arresti e ripetizioni di concetti, dall'al-tra, accanto a versi fortemente acuti e coesi, si trovano asserzioni spesse volte inesatte e contraddittorie, oltre che opinioni fantasiose che si rincorrono sul ritmo degli esametri classici alternati a versi popolareschi.

Ciò accade perché il testo del *Regimen* o *Flos,* nella redazione attribuita al catalano Arnaldo da Villanova presenta alcune particolarità letterarie e dottrinarie, risultando scindibile in due parti: l'una più elegante, in esametri, ad eccezione di tre pentametri, e l'altra in versi leonini, versi popolareschi tipicamente medioevali, a rima baciata o anche a rima interna, adoperati in larga misura da Leonio, canonico parigino vissuto intorno al XII secolo, che si prestano bene all'uso in componimenti nei quali ricorrono aforismi e proverbi, come nel caso della medicina popolare.

Il *Flos* composto in esametri è letterariamente buono, in quanto la metrica vi è rispettata e il contenuto dottrinario assume un taglio scientifico, essendo espresso con il linguaggio proprio del frasario medico, e spesso nella parte dedicata alle piante medicinali vi si riconoscono alcuni versi attribuibili al poema di Macer Floridus intitolato *De virtutibus herbarum* e pubblicato nel 1532 (NIGRO 16-19).

Il nesso che lega tra loro le due parti, la nobile e la popolaresca, è quanto mai debole. L'impressione che si riceve è quella di una infiltrazione prodottasi in un secondo momento, di una specie di corpo estraneo che interrompe l'armonia dei versi in esametri. Ne è un esempio il primo verso che è un esametro con significato di dedica, con il quale si apre il poema didascalico:

Anglorum Regi scribit tota Schola Salerni:
Si vis incolumem, si vis te reddere sanum,
Curas tolle graves: irasci crede profanum:
Parce mero, coenato parum: non sit tibi vanum
Surgere post epulas: somnum fuge meridianum:
Ne mictum retine, nec comprime fortiter anum.
Haec bene si serves, tu longo tempore vives.

Appendix

Si tibi deficiant Medici, medici tibi fiant
Haec tria: mens hilaris, requies, moderata diaeta

Così degli Angli al Re
La Scuola di Salerno: se tu vuoi
E sano e salvo trarre i giorni tuoi,
Non bevasi da te
Molto vin, sia leggiera
La mensa de la sera;
Desinato che avrai
Di sorger non ti spiaccia;
Tristezze affanni e guai
Ognor da te discaccia,
Fuggi lo sdegno insano
E il sonno meridiano;
Che depor vuol Natura
Tosto depor procura;
A lungo o Sire, i dì
Viver potrai così.

Appendix

Se i medici a te manchino,
Tre cose ten rinfranchino:
Opportuna dieta,
Riposo e mente lieta (I, 5)[11]

I primi otto versi leonini si distinguono comunque da tutti gli altri perché sono ben costruiti e la metrica vi è rispettata. In essi si può dire che sia racchiuso un *Regimen sanitatis* a se stante che riporta i punti essenziali delle *res non naturales*: aria, cibo e bevande, moto e quiete, sonno e veglia, inanizione e replezione, e infine, gli accidenti dell'animo, ossia quei fattori esterni, variabili e capaci di influenzare l'organismo, che andavano regolati in modo che la loro influenza potesse risultare benefica e tale da garantire al corpo lo stato di salute.

Di questi fattori esterni ben quattro vengono richiamati nel *Flos*: *motus animi, potus et cibus, motus et quies, repletio e evacuatio*, dopodiché ha inizio il *Regimen* vero e proprio dall' *Aer*, la prima delle *res non naturales*, andandosi a collocare nella parte iniziale del *Regimen* che tratta dell'igiene e dell'alimentazione. La seconda parte è strutturata, invece, sulle virtù delle erbe officinali: ortica, ruta, salvia, etc., la terza sull'anatomia del corpo umano, la quarta sulla fisiologia, la quinta sull'ebbrezza, e le ultime trattano la terapeutica e l'etiologia.

Come epigrafi significative dei contenuti prescrittivi della scuola si ricordano queste massime: *Spiritus exultans facit ut tua floreat aetas* (l'anima allegra fa fiorire i tuoi anni) e *Vitam declinas tibi, sint si prandia lauta* (accorcerai i tuoi giorni se i pasti sono lauti) (NIGRO 18).

I medici della Scuola, che ebbero anche la nozione della secrezione psichica della saliva e ritenendola un segno dell'appetito, affermavano l'esistenza di una stretta connessione tra fatti fisiologici e regolazione dell'assunzione di cibo, arrivando anche ad indicare l'opportuno momento della sua ingestione. Tra gli avvertimenti ricorre, tra gli altri, quello di fare attenzione al cibo immoderato che renderebbe gli uomini ammalati, al cibo

---

[11] VULPES 'La Scuola Salernitana col testo latino a fronte' 5.

eccessivo che opprimerebbe ventre e petto e sconvolgerebbe lo stomaco, arrecando disturbo a tutte le membra: *Ex magna coena, fit maxima poena. Ut sis nocte levis, sit tibi coena brevis* (*Di lauta cena apporta il cibo grave, a stomaco indigesto, assai di pena: Se la notte dormir sonno soave Tu brami, usa frugale, e parca coena*) e ancora: *Coena brevis, vel coena levis, fit raro molesta. Magna nocet; medicina docet, res est manifesta* (*Il pranzo breve, o leggiero, raramente è molesto: nuoce se abbondante. La medicina lo insegna ed è ben raro*), tanto da giungere a consigliare il precetto del *Non bibe ni sitias et non comoedas saturatus* (*Non bere se non hai sete e non mangiare se sei sazio*). È quanto emerge dalla lettura e analisi del Cap. IX della I parte del *Regimen* dedicata all'*Igiene*, intitolato per l'appunto *Cibatio*, che riguarda il *Modo di cibarsi*, suddiviso in nove articoli che partono dalle disposizioni dell'assunzione di cibo, alle regole generali del cibarsi in ogni stagione dell'anno, dalla natura e proprietà dei cibi alla distinzione dei sapori, dalle erbe mangiabili alla frutta (18-19).

Il riferimento è qui alla medicina di ascendenza greco-araba che aveva già spiegato quello che oggi con linguaggio scientifico viene chiamato "metabolismo", con il ritenere che nel corpo dell'uomo vi fosse un "flusso continuo", per cui gli spiriti vitali, gli umori e le parti solide si dissolvessero e si consumassero e i cibi e le bevande dovessero ricostituire dette sostanze senza le quali si avrebbe la morte, e mentre il cibo ridonava al corpo la parte solida e secca della sostanza consumata, le bevande restituirebbero la parte umida di essa.

Scenario di produzione, generazione e rappresentazione della storia dei popoli e non solo contenitore ed entità geografica, era pur sempre il Mar Mediterraneo a permettere ai movimenti culturali di snodarsi, e a chi lo abitava o lo attraversava, a viverne, secondo quanto afferma lo storico Aurelio Musi, l'esistenza pulsante capace di modellare economia, società, istituzioni e ordinamenti dei popoli; ma c'era di più, chi ne percorreva le rive e ne varcava le acque non poteva evitare di entrare in contatto con civiltà diverse, con nuove sinergie e con la trasmissione della memoria storica.[12]

La diffusione del sapere medico e soprattutto dei testi di medicina che costituiscono ancora oggi la base delle conoscenze scientifiche in ogni ambito, dalla chirurgia di Rolando e Ruggiero all'anatomia, dalla dietetica all'odontoiatria, dall'oftalmoiatria all'urologia di Maestro Mauro e di Cofo-

---

[12] MUSI 2002.

ne, all'erboristica di Matteo Silvatico e, infine, alla ginecologia di Trotula de' Ruggiero, nasce quindi da uno scambio, da un viaggio, da una peregrinazione attraverso quel mar Mediterraneo che ha consentito da sempre al sapere di valicare i confini territoriali e di attraversare nazioni e popoli, per trasferire la cultura e, insieme alla cultura, la lingua, in un "altrove" che le ha permesso di assimilarsi e di stabilizzarsi come scienza, sì da condurre civiltà diverse, portatrici di elementi specifici e autonomi, ad entrare in relazione tra loro.

La Scuola medica di Salerno che seppe fondere la sapienza d'Oriente e d'Occidente, resta senza ombra di dubbio l'esempio più evidente di quel "sincretismo mediterraneo" che significò "incontro" e non "scontro" di culture: cultura ebraica, araba, greca e latina; culture che danno, ricevono e conservano e che non entrano in contrasto tra di loro, anzi si integrano sì da mantenere intatti i loro singoli apporti alla civiltà e alla scienza. E i maestri salernitani, oracoli di sapienza in una città che costituì il primo centro di studio di medicina di tutti i tempi, furono per l'appunto eccellenti divulgatori dei canoni medici al di fuori del territorio locale, sì da avvalorare quanto affermato dallo storico Salvatore De Renzi che: "Nella Scuola di Salerno per la prima volta si svegliò quella energia intellettuale che scosse l'Occidente dal sonno, ed inaugurò quel periodo di operosa attività che fu germe e principio della scienza moderna" (DE RENZI 110).

BIBLIOGRAFIA

Avallone, Riccardo. "La Scuola medica salernitana, la più antica Università d'Europa e del mondo". *Quaderni. Centro Studi e Documentazione della Scuola Medica Salernitana*, XV, 1996. 70 ss.

Bartholomaeus Mini. *Tractatus de Herbis. Ms London British Library Egerton 747*. A cura di Iolanda Ventura. Firenze: Sismel: Edizioni del Galluzzo, 2009.

Capone, Paola. "La memoria dei semplici salernitani e la sua fortuna tipografica. Fonti e tradizioni del Giardino dei Semplici della Scuola medica salernitana". *Mater Herbarum*. Milano: Guerini, 1995. 249-271.

Capparoni, Pietro. "*Magistri salernitani nondum cogniti*. Contributo alla storia ed alla diplomatica della Scuola medica di Salerno". Con prefazione di D'Arcy Power. Terni: Stab. Poligrafici Alterocca, 1924.

De Renzi, Salvatore. *Collectio salernitana, ossia Documenti inediti e trattati di medicina appartenenti alla Scuola medica salernitana,* raccolti ed illustrati da G. E. T. Henschel, C. Daremberg, S. De Renzi. Napoli: Tip. del Filiatre Sebezio, 1852.

De Renzi, Salvatore. *Storia della medicina in Italia.* Introduzione di Ugo Stefanutti. Sala Bolognese: A. Forni, 1988.

De Renzi, Salvatore, *Storia documentata della Scuola Medica di Salerno*. Napoli: Tip. G. Nobile, 1857.

Gambacorta, Gorgias. Giordano, Alberto, *Regimen sanitatis salernitanum. Bibliografia, 1474-1888.* Milano: Ars medica antiqua, Il collezionista libreria antiquaria, 1983.

Gherli, Filvio, *Regola sanitaria salernitana. Regimen Sanitatis Salernitanum*. Salerno: Ente provinciale per il turismo, 1964.

Guerrieri, Guerriera. "*Per una fototeca dei manoscritti della scuola medica salernitana*". Scritti in memoria di Leopoldo Cassese. Vol. 1. 1971. 413-425.

Kristeller, Paul Oskar, "Fonti per la medicina salernitana del Sec.. XII". *Salerno Ippocratica Civitas.* Vol. 1, N.1-2. 1967. 5-18.

Musi, Aurelio. "Il sincretismo mediterraneo della Scuola Medica Salernitana". *L'Agenda di Salerno e Provincia.* N. 60. Nuova serie. Luglio-Agosto 2002. https://www.eleaml.org/sud/meridiano/pm_sc_med_sa 02.html.

Musitelli, Sergio, "Alle origini del *Regimen Sanitatis*. Parte I: fino ad Alfano e Parte II: dopo Alfano". *Salerno*, Vol. I, N. 3-4, 1967. 24-47.22-59.

Nigro, Paola, *La Scuola medica salernitana. Bibliografia cronologico-analitica delle edizioni a stampa del Regimen Sanitatis Salernitanum*. Presentazione di Giuseppe Lauriello. Salerno: Ripostes, 2004.

Oldoni, Massimo, "La scuola medica di Salerno nella cultura europea fra IX e XIII secolo". *Quaderni medievali*. Vol. 23, 1987. 74-93.

Pasca, Maria. A cura di. *La Scuola medica salernitana. Storia, immagini, manoscritti dall' 11. al 13. secolo.* Napoli: Electa, 1988.

Pazzini, Adalberto. "Il *Regimen Salernitanum* ed il suo enigma", 1954. *Athena*. N. 3, estr. 9 ss.

Rocchietta, Sergio, "Il *Regimen Sanitatis* della Scuola medica Salernitana in versi berneschi". *Minerva medica* 67. Vol. LXVII. N. 21, 1967. X.

Sinno, Andrea. A cura di. *Regimen sanitatis flos medicinae Scholae Salerni*. Presentazione di Sabato Visco. Salerno: W. Casari, 1973.

Sudhoff, Karl, "*Zum Regimen Sanitatis Salernitanum*". *Archiv für Geschichte der Medizin*. Vol. 9. 1916. 221-249.

Visco, Sabato. "I precetti dietetici della Scuola di Salerno", *Salerno Hippocratica Civitas*. Vol. N. 3. 1967. 48-50.

Vitolo, Giovanni. "La Scuola medica salernitana come metafora della storia del Mezzogiorno". *La Scuola medica salernitana: gli autori e i testi*. A cura di Danielle Jacquart e Agostino Paravicini Bagliani. Firenze: SISMEL-Edizioni del Galluzzo, 2007.

Vulpes, Tarquinio. A cura di. *La Scuola salernitana tradotta in versi italiani*. Napoli: Dai Torchi dell'Osservatore medico, 1834.

Wickersheimer, Ernest, "Le *Flos medicinae* de Jean de Milan. *Atti del XIV Congresso Internazionale di Storia della Medicina*. Roma-Salerno: Arti Grafiche E. Cossidente, 1954. 1072 ss.

Spaghetti and Guns
Food in Hollywood Mafia Movies

Ilaria Parini

Introduction

If we consider the material nature of food itself, we may simply state that its function is to satisfy a basic need and that it represents the response to the stimulus of hunger. Yet, "much research from the social sciences shows that there is more to food than its material nature and that it takes on cultural connotations." (Martinengo 2015: 9). Indeed, the importance of food as an expression of cultural identity is a fact, as "elaboration of the cultural significance of food and eating focuses on social values, meanings and beliefs rather than on dietary requirements and nutritional values" (Murcott 1982: 203). Such issues have been extensively investigated by scholars from different disciplines, who all agree in emphasizing the paramountcy of food in relation to culture and identity. To quote just a few of them, Rogers (2003: 3) claims that "after language, food is the most important bearer of national identity"; Newmark (1988: 97) states that "food is for many the most sensitive and important expression of national culture"; Torresi (2004: 229) maintains that "food is one of the hubs around which all cultures, and all social life in general, revolve"; Goyan Kittler et al. (2016: 4) argue that "what one eats defines who one is, culturally speaking, and conversely, who one is not." Thus, the fact that food is not only a source of nourishment, but a sign of ethnic and cultural identity, seems to be an indubitable truth.

The importance of food for Italians is particularly evident, as food is and has always been an emblem of Italian culture. As Hooper (2015: 94) notes, "this is partly because of the identification between cuisine and family." And family is, for Italians, a crucial value, as stressed by the scholar: "the strength of the Italian family and its importance in Italian life would seem to be beyond question" (ibid. 169). Therefore, the connection between family and food makes the latter even more precious for them. Indeed, "recipes are passed on from mother to daughter and become part of a family's sense of identity." (ibid. 94) Moreover, "food also plays a crucial role in strengthening family bonds. [...] It is where the affairs of the day are discussed, problems addressed and complaints aired" (ibid.). Furthermore, the scholar highlights the fact that the role of the table and the importance of gathering together for a meal in Italy can also be noticed in the use of language:

> *Il tavolo* is the word for the physical object, whereas *la tavola*, the same word but in the feminine, is untranslatable into English. Its connotations encompass the meal and its preparation, quality and consumption, and – most importantly – the enjoyment of it. *Il tavolo* is a piece of furniture on which to rest plates and cutlery. *La tavola* signifies an experience in which china and glass, knives and forks, play only a very small and functional part. When, for example, Italians want to describe the joys of good eating and drinking, they talk of '*I piaceri della tavola*'. (ibid.)

For Italian immigrants in the United States food continued to be an essential factor of identity, as investigated by many studies[1]. This is indeed not surprising, as most often food seems to be the main element through which immigrants tend to maintain their sense of ethnic belonging when moving to another country. As stressed by Pennacchio (2002: 111):

> For immigrants, food is a primary means by which they socialize, worship, shop and do business – in short, by how they live their lives daily, as ethnics coping with the alien culture that surrounds them. It is through their foodways, then, that immigrants retain aspects of their old world culture, adapt them to new world realities and thus develop an ethnic group identity.

This is especially true for the Italian-American community in the United States. As Cinotto (2013: 3) argues:

> In 1920s and 1930s New York City, cuisine took on its central role in defining Italian American identities because of three reasons: first, the power of food to create and support family and community in a world of cultural and material stress; second, the importance of the food trade in the Italian immigrant economy; and third, the symbolic value of food in the self-representation that helped Italians understand who they were and whom

---

[1] See, among the others, see Barolini 2002; Branciforte 1998; Casillo 2006; Cauti 1998; Cinotto 2013; Giunta and Patti 1998; Schiavelli 1998; Tamburri 2003; Torresi 2004.

they aspired to be. [...] Food - its production, distribution, consumption, rituals, protocols, symbolic values, and imaginative and material effects – shaped Italian identity and made a diasporic Italian nation by embodying a distinctive pattern of domesticity and intimacy.

Torresi (2004: 229-230) also claims that "food actually tends to overshadow other ethnic signifiers such as religion and sense of community in Generation X Italian Americans' self-perceived ethnic-identity" and "the original religious or historical significance of festivals brought to the USA by Italian immigrants is often completely lost in the preparation and consumption of the dishes prepared for the feasts."

Food in Mafia Films

Considering all that has been discussed so far, it is not surprising that food is one of the elements that have been selected in order to convey the origins of Italian American characters in Hollywood cinema. Indeed, as Cinotto (2013: 1) notes: "Even a perfunctory look at the representations of Italian Americans in film and TV reveals the centrality of food in Italian American culture." Likewise, Bollettieri Bosinelli et al. (2005: 419-420) claim that "food and foodways are one of the most powerful means of ethnic characterization" and that food "remains arguably *the most powerful metonymy* for encoding Italian American identity" (emphasis added).

Mafia films are no exception, as most Italian American mobsters in Hollywood films are presented as competent cooks. This might seem to be in contrast with the image of the mafia man, who is usually portrayed as a strong and bold man that traditionally delegates all family chores (including cooking) to his wife. However, this element of characterization apparently finds its grounds on historical facts: in Italy the role of cooking was traditionally assumed by the women of the family; however, during their early days in America, Italian men outnumbered women, and consequently, without their female counterparts, men assumed roles that were traditionally assigned to women, including cooking (Diner 2001: 74). It is true that once women joined their men in the United States, cooking was once again mainly a woman's chore, as testified by Cinotto (2012: 57): "Although the food served at family tables was designed to satisfy male demands, the family meal system also had a feminizing effect. Because of their special skills, women were in charge of supervising this emerging ethnic domesticity."

Indeed, it is a fact that food and cooking represent a constant element in mafia movies, as stressed by De Stefano (2006: 218): "Every mafia movie fan knows that food, its preparation and consumption in massive quantities, is a convention of the genre". Most often in these films we can see mobsters working hard in the kitchen, discussing about food, enjoying delicious meals, either gathered around the family table or on the occasion of the sumptuous feasts organized to celebrate weddings, baptisms, and first communions.

This paper aims to analyze the element of food in five mafia films released in the 1990s, namely: *The Godfather Part III* (1990) by Francis Ford Coppola; *Goodfellas* (1990) by Martin Scorsese; *A Bronx Tale* (1993) by Robert De Niro; *Casino* (1995) by Martin Scorsese; *Donnie Brasco* (1997) by Mike Newell.

The Godfather Part III

Although in this film there are no scenes depicting mobsters cooking elaborate meals, it would be wrong to state that food does not play an important role. As Torresi (2004: 238) notes, in *The Godfather Part III* food takes on a powerful symbolic meaning, as it becomes strongly entangled with death. The scholar refers in particular to three events that occur in the film. The first one is the murder of Pope John Paul I, who is killed by a poisoned cup of tea; the second one is the death of Don Altobello, caused by some poisoned Sicilian cannoli offered to him by Costanza, to take revenge over his betrayal of the Corleones; the third one refers to Al Neri, Michael's henchman, who, on his way to kill another traitor (Archbishop Gilday) hides his gun inside a box of tea biscuits, which he eats on the train. Moreover, Torresi stresses the fact that the three murders are underscored by *Cavalleria Rusticana*, which is a double cliché of Italianness, first because it is a piece of opera, and also because of its portrayal of jealous, quick-tempered Italian peasants. Thus, she concludes, "the metonymical conglomerate of food, mafia and opera becomes highly evocative [...] of Italianness or Sicilianness" (ibid.).

Apart from this association of food and death, it is also worth noting the association of food and love/sex in the film. The scene where Vincent teaches his cousin Mary how to make gnocchi is indeed very sensual (he positions himself right behind her body and puts his fingers onto hers, moving her hand slowly), and the couple end up by making love for the first time, in spite of their blood relationship.

Finally, it ought to be mentioned that *The Godfather Part III* starts with a ceremony in St. Patrick's Cathedral where Michael is named a Commander of the Order of St. Sebastian, and the ceremony is followed by a sumptuous reception in his honour, with music and, obviously, food.

Goodfellas

Goodfellas is no doubt the film which best embodies the importance of food for Italian American Mafiosi. There are numerous scenes in the film where the characters indulge in eating and drinking. At the beginning of the film, Henry is shown as a young kid observing from the window of his house, fascinated, the Cicero family running their business at the Bella Vista Pizzeria. As he starts running errands for them, he describes in voiceover the way in which Paulie, the boss, manages his activities, and we can see him having a barbecue in his garden and instructing his men on what to do while enjoying some sausage sandwich and wine. Young Henry is also shown making sandwiches and serving them to the *wiseguys* as they are playing poker. When a grown up Henry takes Karen to the Copacabana, they get into the club through a side door, in order to skip the long line at the entrance, and they walk through the kitchen, where food is being prepared in massive quantities. Obviously, a huge banquet is offered at the reception for the couple later on in the film when they get married. When Karen tells the audience in voiceover how the families of the mobsters were always at each other's houses, we can see the images of one of Jimmy's kids birthdays, and, apart from the birthday cake, we can see a baking pan with the leftovers of some lasagna on the table, as well as other refreshments. When Henry is released from jail, he goes to Paulie's house with his family to celebrate, and he is welcomed back with lasagna and meatballs.

The association of food and death, discussed in the section about *The Godfather Part III*, can also be found here. After killing Billy Batts, Jimmy and Tommy go to Tommy's mother's house, accompanied by Henry to take a shovel to bury the corpse. The woman wakes up in the middle of the night and – not surprisingly, for an Italian mother – insists on making them something to eat. The three men then sit at the table in the kitchen with the woman and eat pasta, with a (presumably) dead man in the trunk of the car parked just outside. Six months later, the three men have to go back to the place where they had buried Billy Batts's body and move it somewhere else, as a condominium is going to be built on the land. As they exhume the decomposed body, Henry feels sick because of the offensive odour, and Tommy teases him talking about food: "Hey Henry, hurry up, please! My mother's gonna make some fried peppers and sausage for us"; Jimmy joins him and the two men start referring to the parts of the body that they find as if it were a chicken: "What do you like, the leg or the wing?".

Later on in the film, the connection between food and death can be noticed once again when the corpse of Frankie Carbone is found in a meat truck, hanging on a hook with all the other carcasses.

As far as the preparation of meals is concerned, one of the best known scenes of the film depicts the whole crew cooking dinner while in prison. Once again, Henry comments in voiceover and describes in detail the elaborate preparation of the meal, as the camera moves from one character to the other, each one in charge of a specific task. What turns out to be particularly striking is the naturalness with which these actions are performed, as if they were the members of a family in their kitchen, rather than a group of mobsters in jail, and the sense of belonging that is conveyed:

> In prison, dinner was always a big thing. We had a pasta course and then meat or fish. Paulie did the prep work. He was doing a year for contempt and he had this wonderful system for doing the garlic. He used a razor and he sliced it so thin it used to liquefy in the pan with a little oil. It's a very good system. Vinnie was in charge of the tomato sauce. I thought he used too many onions, but it was still a very good sauce. Johnny Dio did the meat. We didn't have a broiler, so Johnny did everything in pans. He smelled up the joint something awful and the hacks used to die, but he still cooked a great steak.

As Henry narrates, we can also hear the lines exchanged by the characters. Vinnie gives details about his tomato sauce, saying that he puts three kinds of meat in the meatballs: veal, beef and pork; Paulie tells him not to put too many onions in it, and Vinnie says he has only put three small onions (and three big cans of tomatoes); Johnny Dio asks his friends how they want their steaks, and Paulie replies that he wants it medium rare.

We then also see one of the prison officers taking them a box full of lobsters and another box full of steaks. Finally, Henry gets in the room with a bag and starts taking other food out of it, showing it to Paulie: "Some bread. Salami. Prosciutto. A lot of cheese. [...] Scotch. [...] Red wine. Some, white, too." In the following scene, we see Karen going to visit Henry in jail and taking him more bread, cheese and salami, as well as wine.

Regarding food preparation, the film presents another memorable scene. Towards the end of the film, there is a 10-minute sequence ending with Henry's capture by FBI, usually referred to as "The Last Day as a WiseGuy" sequence. The segment opens with a black screen with a caption in white indicating the date and time: Sunday, May 11th, 1980, 6:55 a.m.. Henry starts the day inhaling a line of cocaine, takes some guns and goes out of his house. As he gets into his car, he notices a helicopter. As he drives, he narrates in voiceover his plans for the day: drop off guns at Jimmy's, pick up his disabled brother Michael at the hospital, pick up his drug-runner Lois, get his drugs, and prepare dinner. Just as cooking seemed to be the most normal activity for the *wiseguys* in jail, in this context it is presented as one of the many duties performed by a mobster during the day. The camera follows Henry during the day and the time is written in white on the screen from time to time. A hectic day, which conveys Henry's state of frenzy caused by cocaine, whose rhythm is also beating to the music in the background. During the day Henry keeps worrying about the helicopter that seems to be following him, but thinks about his plans for dinner anyway. At 11.30 he goes back home and starts cooking. As usual, the images on the screen are commented on by Henry in voiceover:

> I was cooking dinner that night. I had to start braising the beef, pork butt and veal shanks for the tomato sauce. It's Michael's favorite. I was making ziti with the meat gravy, and I'm planning to roast some peppers over the flames, and I was putting on some string beans with the olive oil and garlic, and I had some beautiful cutlets, cut just right, that I was going to fry up before dinner just as an appetizer. So I was home for about an hour. So my plan was to start the dinner early so that Karen and I could unload the guns that Jimmy didn't want and then get the package for Lois for a trip to Atlanta later that night.

At that point Henry and his wife Karen head outside to drop off the guns and pick up the drugs. As they leave, Henry reminds his brother to take care of the sauce. This seems to be extremely important for him, as we can hear him telling him the actual line "Michael, keep an eye on the sauce, alright?" and afterwards, in voiceover, he reports the line again "So I asked my brother Michael to watch the sauce and Karen and I started out." The camera moves on to a close up of the pan with the sauce on the cooker. Karen and Henry then try to lose the helicopter that keeps following them and at 3.30 they meet the drug traffickers that sell him the cocaine for his deals. Henry gives them the guns, gets the drugs and in voiceover he keeps commenting on his plans, which always include cooking:

> My plan was, I had to get home and get the package ready for Lois to take on her trip. Also I had to get to Sandy's house to give the package a whack with quinine. Plus, I knew Sandy was gonna get on my ass. Then I had the cooking to finish at home and I had to get Lois ready for her trip.

He then calls home to talk to Lois and to give instructions about the sauce for dinner:

> HENRY: Tell Michael not to let the sauce stick, keep stirring.
> LOIS: Henry says don't let the sauce stick.
> MICHAEL: I'm stirring it.

When he gets home at 6.30, he starts cooking again. As he leaves the house again to go to Sandy's house, he reminds Michael once more to take care of the sauce, and comments on it in voiceover:

> As soon as I got home I started cooking. I had a few hours until Lois's flight. I told my brother to watch on the stove. All day long, the poor guy's been watching helicopters and tomato sauce. I had to drive over to Sandy's place, mix the stuff, and then get back to the gravy.

At 10.45 we see the family gathered around the table finally enjoying the delicious meal prepared by Henry. Right afterwards, as he leaves the house and gets into the car, he gets arrested by the police. He later decides to enter the FBI protection programme and testifies against all his former associates.

At the end of the film, Henry tells the audience how miserable his life has become after entering the protection programme, and, to stress its wretched conditions, he refers to the quality of food he eats:

> The hardest thing was to leave the life. I loved the life. We were treated like movie stars with muscle. We had it all. [...] And now, it's all over. That's the hardest part. There's no action. I have to wait around like everybody else. Can't even get decent food. Right after I got here I ordered some spaghetti with marinara sauce and I got egg noodles and ketchup. I'm an average nobody. Get to live the rest of my life like a schnook.

A Bronx Tale

The presence of food in *A Bronx Tale* is not as significant as it is in *Goodfellas*, although it is still possible to find some references to it. The film opens up with a high camera angle shot on Italian American neighbourhood Fordham in the Bronx, and Calogero (the main character) describing in voiceover the life of the people living there. We see images of people engaged in their daily activities: groups of young men singing doo wop, boys and girls kissing each other, men playing baseball, etc. In this first introduction we can already see some images of food: next to a boy who works as a shoeshiner there is a man standing behind a grill and making sausage sandwiches; behind them, there are some men sitting on the chairs on the pavement and one of them is enjoying a sandwich; in the following frame, a woman is shown buying fish from a stall, and, right afterwards, another woman buying fruit and vegetables from another stall; in the subsequent frame, a man is cutting a pizza into slices.

Calogero's father is an honest bus driver and works hard to support his family. When Calogero refuses to eat the steak that her mother has cooked for dinner because he is not "in the mood", he reminds his son about what he has to do so that they can have food to eat: "You know how often I have to drive that bus back and forth so we can eat steak once a week?". Meat, in particular, was considered as a special treat for Italian immigrants, whose diet was usually based on staples such as bread, macaroni, vegetables, milk and wine, as reported by Torresi (2004: 231).

When Sonny, the boss of the neighbourhood, wants to give Calogero some advice, like a father to his son, he takes him to Gino's restaurant. Gino tells them that they have some "beautiful veal chops" and some "nice linguine frutti di mare". Eating together, indeed, is a special moment that reinforces an act of bonding between the two men.

Finally, in this film we can find an instance of the connection between food and love: after kissing Jane for the first time, Calogero asks her if she can cook:

CALOGERO: Do you know how to make sauce?
JANE: What?
CALOGERO: You know, sauce for macaroni?

He is in love for the very first time in his life, and for him it is essential that the girl of his dreams be able to cook, and specifically to cook the Italian way (even though Jane is not Italian, but African American).

Casino

Even though *Casino* does not present any scenes comparable to the ones described in *Goodfellas* either, also in this case it is possible to find the presence of food throughout the whole story. At the beginning of the film, while Sam Rothstein starts telling the audience his story in voiceover, we see the image of five mafia bosses gathered around a table, with food on it. Later on, we find out that the bosses who get the money from the Tangiers, the casino managed by Sam, usually meet in the back of a produce market store in Kansas City (the San Marino Italian grocery, as the sign indicates), and that "one of the guys made his mother do the cooking", as Nicky Santoro tells in voiceover. Then the camera shows two women in the kitchen cooking tomato sauce and meatballs. The grocery store is shown again in another scene, when we find out that the FBI has placed a wire in the shop and they find out everything about the illegal activities at the casino. We see all the bosses again later in the film, and also in this case they are gathered around a table, enjoying a dish of pasta, with a big bowl at the centre of the table.

At some point halfway through the story, Nicky tells in voiceover that he has a restaurant, run by his brother Dominick, which he uses to launder the money that he earns from his illegitimate businesses. As he does so, the images show the hands of a cook in the kitchen of the restaurant making a sandwich with lettuce, raw ham, cheese, tomato and onion, which is then passed on to Dominick, who spits in it before giving it to two policemen waiting at the counter. Food here is used as a device to convey the scorn and contempt that mobsters feel towards the police. As the two policemen leave, Dominick mumbles "Choke on it, you motherfuckers."

When Nicky wants two impress a girl he has just met, he tells her about the quality of the food which is served in his restaurant:

'Cause I fly stuff in fresh every day. I get bread from back home. I get fish from California. And you can always tell a great kitchen like ours because of the milk-fed veal. That's the secret. See, milk-fed veal is pure white. Out here, they got that pink veal. Now, pink veal, you can pound that shit for two days and it will never get tender, you know what I mean?

Although Nicky is a ruthless cold-blooded murderer, we see him making pancakes affectionately for his son in the morning, with Sam commenting in voiceover: "But at 6.30 in the morning, when he finished his day, no matter where he was or what he was doing, he always went home to make breakfast for his son, Nicky-boy". He puts some syrup on the pancakes ("I know you like this", he tells his boy) and a little butter, but just a little because "it clogs your heart".

When Sam is having breakfast with Philip Green inside the Tangiers casino, he gets upset when he realizes that the muffin Philip Green is eating has many more blueberries than the one he has. Furious, he goes to the kitchen and reprimands the baker: "From now on, I want you to put an equal amount of blueberries in each muffin. An equal amount of blueberries in each muffin". As the baker asks him, bewildered: "Do you know how long that's going to take?", he replies, adamant: "I don't care how long it takes. Put an equal amount in each muffin".

Donnie Brasco

Also *Donnie Brasco* cannot be compared to *Goodfellas*, if we consider the overall amount of time dedicated to food in the film. However, in this movie it is possible to see a clear example of the representation of a mobster's competence in the kitchen similar to those analyzed in the section dedicated to Scorsese's film. On Christmas day, Lefty prepares dinner and discusses about food and cooking with Donnie (also in this case, a practice aimed at reinforcing the bonding between the two men), praising men's superior abilities as cooks.

LEFTY: All around the world, best cooks are men. [...] You think I cook like them goombahs in Brooklyn? All they know is manicotti. A hundred years, they'll be eatin' manicotti. You never ate coq au vin?
DONNIE: No.
LEFTY: There we are. Can of collagen, can of tomatoes. Punch of salt.
DONNIE: Punch?
LEFTY: Punch. Punch of salt.
DONNIE: Punch or pinch?
LEFTY: Punch. Punch. Not pinch. What did I say? Did I say pinch?
DONNIE: No, you said punch.
LEFTY: Sometimes you don't make no fuckin' sense, Don.
DONNIE: You got all this, Annette?
ANNETTE: Oh no. I can't cook special like Bennie.
LEFTY: Shut up, Annette. Forget about it. Wherever you go, the best cooks are men. On Mars, the best cooks are gonna be men, that's a fact. Wait till you taste this coq au vin. It's gonna melt in your mouth, like Holy Communion.

When Donnie (or rather, Joe Pistone, the infiltrated FBI agent whose undercover name is Donnie) goes back to his home the day after Christmas, he cooks scrambled eggs for his daughters for breakfast.

During the grand opening of the Kings Court in Florida, we can see the kitchen of the club, where the cooks are busy slicing pizzas, cooking tomato sauce, rice, potatoes, and meatballs. Next to them, the mobsters are counting money and putting it in bags.

Right after Sonny Black and his crew have been arrested, Sonny Red calls Santo Trafficante to ask if they managed to have the club closed by the police. When he makes the phone call, he is in his own house with his son and two of his henchmen, and they are gathered around the table enjoying a meal. One of the two henchmen tells the other one "Give me some of that cheese with that salami, please. Take this taste out of my mouth."

Sicilian Mafiosi and Food

It is not the case that food itself is extremely important also for Sicilian Mafiosi. Indeed, it is a fact that this element of fictional characterization derives from its context of origin. De Stefano (2006: 219) refers to a book by Jane and Peter Schneider entitled *Reversible Destiny: Mafia, Antimafia and the Struggle for Palermo* (2003), whose study testifies the importance of food and cooking within the Sicilian Mafia:

> The Schneiders report how "food play" is central to male bonding among Sicilian Mafiosi. Huge feasts, known as *grandi banchetti* or *grandi schiticchiate*, were major social occasions for Cosa Nostra members. Usually held in the countryside, these events were open only to males, who did all the cooking.

Attilio Bolzoni's book *Parole d'onore* (2008) is a collection of transcriptions of interviews and testimonies given by Sicilian Mafiosi. Food is definitely a recurrent element in the pages of the book, as quite a few of these transcriptions refer to their *banchetti*. The scholar claims that "when they need to 'reason' about something, Mafiosi always organize that event– the banquet–which in Sicilian is called *schiticchio* or *schiticchiata*. The table is a holy place for men of honour. Eating is a rite" (ibid. 63; my translation).

Such banquets often represent an opportunity to kill somebody that they have decided to eliminate, for whatever reason. In particular, talking about the crew of the Corleonesi, Bolzoni states that being invited for lunch by the Brusca family in their manor farm was every man of honour's "nightmare":

> The man who receives the message that Totò Riina wants to eat with him because he needs to talk to him shudders in fear. He is in trap. If he doesn't go, his fate is sealed. It would mean that he is unreliable, or, even worse, he has something to hide. If he goes, he knows that he can end up like many others before him, and never go back home. Totò Riina always sits at the head of the table. At his right there's Bernardo Brusca, at his left Nené Geraci. They eat, and laugh and then somebody silently sneaks behind the back of the host and strangles him with a cord. (ibid. 63-64; my translation)

Food, therefore, acquires a meaning that goes beyond the mere need of feeding. As observed when analyzing the films, food becomes strictly connected with death, and because death is inflicted upon their adversaries (often in the most cruel way), food becomes also a sign of power. In his book, Bolzoni talks about "… murders, food binges, food as a sign of power and maybe also as a sort of compensation for an ancient hunger", all happening during "*schiticchiate* that start at midday and finish at dusk" (ibid. 64; my translation).

De Stefano (2006: 219) quotes the Schneiders' study also to refer to the activities of cooking in prison, similar to the ones represented by Scorsese in *Goodfellas*:

> The Schneiders note that the Mafiosi all had experience cooking for each other while in prison, which, for mafia movie devotees, inevitably evokes the memorable sequence of *Goodfellas* depicting the preparation of elaborate meals by Henry Hill and his other incarcerated mob buddies. (Who can forget the *Goddfellas* guide for sautéing garlic: slice it paper-thin with a razor, so it dissolves in the heated olive oil.)

Also in Bolzoni's book it is possible to find references to food binges in prison similar to the one described by Scorsese in *Goodfellas*. More specifically, the author reports the transcription of a wiretapped conversation between Mafioso Giuseppe Guttadauro and his friends about the time when he was imprisoned in the Ucciardone prison in Palermo:

> It was Easter day in 1984, we had an unforgettable lunch [...]. A van came from the restaurant La Cuccagna and the guards were speechless: there were boxes of Dom Perignon and we were throwing lobsters at each other (2008: 89-90; my translation).

The real Henry Hill, the mobster connected to the Lucchese crew to whom the film *Goodfellas* is inspired, even wrote a cookbook in 2002 (entitled *The Wiseguy Cookbook: My Favorite Recipes from My Life as a Goodfella to Cooking on the Run*, introduced as "Recipes you can't refuse[2] from America's most popular wiseguy"). The promotional description of the book re-

---

[2] With a clear reference to the expression "an offer you can't refuse", made popular by the film *The Godfather*.

fers to Hill's ability to cook Italian-style even under the difficult circumstances of life under the FBI protection programme:

> Once he entered Witness Protection Hill found himself in places where prosciutto was impossible to get and gravy was something you put on mashed potatoes. So he learned to fake it when necessary (for example, Romano with white pepper took the place of real pecorino-siciliano cheese), and wherever he found himself, Hill managed to keep good Italian food on the table. He still brings this flair for improvisation to his cooking. No recipe is set in stone.

Moreover, Hill opened a restaurant in Connecticut in 2007 called *Wiseguys*.

CONCLUDING REMARKS

It is clear that Hollywood cinema has selected the food element – which has always been an emblem of Italian culture - in order to convey the ethnicity of Italian American characters in an immediate and easily recognizable way. Food, no doubt, is a sign of identity and it is one of the cultural metonymies[3] that have been chosen by Hollywood screenwriters and directors to represent Italian Americans.

Mafia films are definitely consistent with this convention, as food is a constant presence in the films whose main characters are Italian American Mafiosi. The analysis of the five films that constitute the object of study of this paper has shown that all films present representations of food, its preparation and consumption (albeit to different degrees). It has also shown that food often acquires a meaning that goes beyond the mere need of feeding. There are examples of food practices meant to reinforce male bonding, others connected to death, and others related to love and sex. Food, therefore, quite often expresses a social meaning, which may recall the "food voice" concept proposed by Hauck-Lawsons (1998: 21): food voice is "the social, symbolic dimension to food" that "serves as a voice—a powerful expression of social meaning."

The study has also demonstrated that this fictional element of characterization actually originates from reality, as for real Mafiosi food carries the

---

[3] Cultural metonymies are the "stereotypical elements which are only a small part of a more complex ethnic and cultural context but come to stand for it in the filmic discourse", as Bosinelli Bollettier et al. (2005: 409) define them.

same important meaning as it does for the characters portrayed on the screen.

The recurrence of this element in films throughout the years has contributed to reinforcing this sign and to making it increasingly powerful, to the point where food has become an ever present and inevitable feature in this genre

REFERENCES:

Barolini, Helen. *Festa: Recipes and Recollections of Italian Holidays*. University of Wisconsin Press, 2002.

Bolzoni, Attilio. *Parole d'Onore*. Milano: BUR, 2008.

Branciforte, Suzanne. "The Madeleine Bacame a Cavatello: Food, Memory, and Italian-American Identity", in Giunta E., Patti, S.J. (eds), *A Tavola: Food, Tradition and Community Among Italian Americans*. Staten Island: American Italian Historical Association, 1998. 1-9.

Casillo, Robert. *Gangster Priest. The Italian American Cinema of Martin Scorsese*. Toronto: University of Toronto Press, 2006.

Cauti, Camille. " 'Pass the Identity, Please': Culinary passing in America", in Giunta E., Patti, S.J. (eds), *A Tavola: Food, Tradition and Community Among Italian Americans*. Staten Island: American Italian Historical Association, 1998. 10-19.

Cinotto, Simone. *The Italian American Table. Food, Family and Community in New York City*. University of Illinois Press, 2013.

De Stefano, George. *An Offer We Can't Refuse*. New York: Faber & Faber, 2006.

Diner, Hasia R. *Hungering for America: Italian, Irish, and Jewish Foodways in the Age of Migration*. Cambridge: Harvard University Press, 2001.

Giunta Edvige, and Patti, Samuel J. (eds). *A Tavola: Food, Tradition and Community Among Italian Americans*. Staten Island: American Italian Historical Association, 1998.

Goyan Kittler, Pamela, Sucher Kathryn P., Nahikiam-Nels, Marcia. *Food and Culture*. Belmont: Wadsworth Publishing Company.

Hauck-Lawson, Annie. "When Food is the Voice: A Case Study of a Polish-American Woman." *Journal for the Study of Food and Society*, 2.1, Spring 1998. 21-28.

Hill, Henry and Priscilla Davis. *The Wiseguy Cookbook: My Favorite Recipes from My Life as a Goodfella to Cooking on the Run*. New York: Berkley, 2002.

Hooper, John. *The Italians*. London: Penguin, 2015

King, William. "Of Gangsters and Bakers: Cake Boss, Stereotypes, and the Italian American Identity." 2015. https://scholarspace.library.gwu.edu/work/br86b3855

Martinengo, Maria Cristina. "The Importance of Food in the Individualized Society", GeoProgress Journal, vol. 2, 2015. 9-16.
Murcott, Anne. "The Cultural Significance of Food and Eating", Proceedings of the Nutrition Society, Volume 41, Issue 2, 1982. 203-210.
Newmark, Peter. *A Textbook on Translation*. New York: Prentice Hall, 1988.
Pennacchio, Luigi G. "Italian-Immigrant Foodways in Post-Second World War Toronto". *Altreitalie* 24, 2002. 197-124.
Rogers, Ben. *Beef and Liberty: Roast Beef, John Bull and the English Nation*. London: Chatto and Windus, 2003.
Schiavelli, Vincent. *Bruculino, America. Remembrances of Sicilian-America Brooklyn, Told in Stories and Recipes*. Boston: Houghton Mifflin Harcourt, 1998.
Schneider, Jane and Schneider Peter. *Reversible Destiny: Mafia, Antimafia and the Struggle for Palermo*. University of California Press, 2003.
Tamburri, Anthony Julian. "Beyond 'Pizza' and 'Nonna'! Or, What's Bad about Italian/American Criticism?: Further Directions for Italian/American Cultural Studies". *MELUS*, Vol. 28, No. 3, Italian American Literature, 2003. 149-174.
Torresi, Ira. "Identity in a Dish of Pasta: the Role of Food in the Filmic Representation of Italian-Americanness". *Prospero. Rivista di Culture Anglo-Germaniche* No. 11, 2004. 229-247.

Poetica e politica del Mediterraneo
Luce e lutto di un mare eterno

Daniela Privitera

Da troppo tempo il Mediterraneo ha smesso di essere il *mare nostrum* per trasformarsi in un *mare monstrum*.

Sarebbe ingenuo pensare che la degradazione sia dovuta a ragioni geografiche o esogene da rintracciare nella geografia degli spazi esterni o nella metamorfosi di mutazioni epocali.

Il Mediterraneo è mutato e la sua storia, come sempre, è opera dell'uomo.

E' sorto dalle viscere della storia attraversando molte prove e difficoltà, ma oggi si preferisce considerarlo un confine dove il mondo finisce anziché—per dirla con Cassano—"un luogo dove i diversi si toccano e la partita del rapporto con l'altro diventa difficile ma vera" (Cassano 2015:20)[1]

Che cos'è oggi il Mediterraneo? Un filone tematico, una buona ricetta senza dir nulla o talvolta, "un comodo *gadget* per organizzare convegni in cui talvolta ciò che si dice se ne va via col vento" (Jelloun: 2005).

Il Mediterraneo—come in nessun'altra parte del mondo—prima di essere un *modus vivendi* è soprattutto un modo di essere, in cui la grammatica e la sintassi dello spazio e del tempo si coniugano confondendosi con l'affettività, le pulsioni irrazionali e le necessità burocratiche.

Esso è una rete di relazioni che nel passato è stato soggetto di pensiero al contrario di quel che avviene oggi, ove la dittatura del pensiero unico ha fatto sì che il Mediterraneo "fosse stato pensato da altri".

Nessuno, infatti, avrebbe mai immaginato che nel passato Sherazade, Ulisse o Enea subissero gli effetti della spersonalizzazione allineandosi all' idea di un pensiero dominante che ne annichilisse la cultura, l'intelligenza e la creatività in nome del profitto. Oggi, invece, tutto questo accade per effetto della globalizzazione dell'*homo currens* (la definizione è di Franco Cassano) che pretende di uniformare tutto al modello occidentale in cui il Sud

---

[1] Si fa qui riferimento all'edizione di *Il Pensiero meridiano* del 2005 arricchita dalla prefazione dell'autore. Le citazioni presenti in questo lavoro fanno riferimento all'edizione digitale Laterza del 2015.

è da incivilire e da inglobare, appunto, nel senso etimologico della parola.

Il risultato è quello che vediamo tutti i giorni.

Di fronte all'estensione della modernità—secondo Cassano (2015, 48)—ci sono due tipi di risposte, entrambe segnate dal fallimento: da una parte, quella di chi si "prostituisce" di fronte al modello occidentale, provocando l'aumento del potere criminale, dell'economia illegale e dei fenomeni di disgregazione sociale (e Cassano fa l'esempio del Brasile); dall'altra, c'è la risposta del fondamentalismo che rifiuta in blocco i modelli esterni, con tutte le conseguenze legate alla repressione, ai pregiudizi, alla mancanza di ogni diritto civile (e, anche in questo caso, gli esempi potrebbero essere tantissimi con in testa i paesi musulmani).

Il Mediterraneo, al contrario, è vario e diversificato ed ha varie sponde: quella nord e quella del sud.

La prima è ricca, la seconda è povera ed è un inferno di sangue e morte.

Il Mediterraneo guarda all'Europa ma il suo sguardo non incrocia quello del vecchio continente: difatti l'Europa, seppure è nata dal Mediterraneo, gli ha voltato le spalle.

Ciononostante, se il Nord si chiude, il sud continua a guardare all'Europa e percorre lo stesso mare che fu dei Fenici, di Ulisse e degli Arabi, sognando di fare di questo mare un'entità forte, armonica e di sangue misto.

Oggi è un dato di fatto che uomini e donne arrivano dal Sud con barche, carrette e morti da seppellire invocando quell'unità che la politica disunisce. E tuttavia, contro il processo di privatizzazione del mondo che toglie protezioni e garanzie ai più deboli, l'Europa si chiude a riccio e la politica non risponde. Si alzano, giustamente, gli scudi contro l'integralismo della vendetta e della violenza senza pensare che il nostro integralismo non è meno duro. Esso "non assassina: rende obsoleti, licenzia, mette fuori mercato. Ha altri templi, altri breviari, altre pene, altri inferni" (Cassano 2015, 49).

Siamo di fronte al rischio di quella che sta per passare alla storia come il processo di "eurolatinizzazione" del Mediterraneo che "a causa di un'interpretazione unidimensionale, di taglio, cioè, esclusivamente economico-politico, ha ridotto la "riva Sud" a essere solo "un bottino messo (se non sottomesso) a disposizione della riva Nord" (D'Acunto 2016).[2]

---

[2] La citazione riporta il pensiero di Mohammed Bennis in relazione all'idea di "Mediterraneo" sviluppata dall'intellettuale marocchino che alla cultura del Mediterraneo ha dedicato

Secondo M. Bennis, "si tratta di un antagonismo tra due visioni che vige, più che tra la riva Nord e la riva Sud, tra la cultura da una parte e la politica e l'economia dell'altra" (2009: 421).

L'*homo oeconomicus* dell'Europa ricca ha preferito, infatti, guardare anziché a Sud ad Est se già a partire dal 2005 i signori della politica anziché integrare, hanno siglato espulsioni e divisioni come quella di Evian sottoscritta perfino da tre paesi mediterranei dell'allora G5 accordatasi per mettere in comune le loro infrastrutture e concordare i voli organizzati per espellere gli immigrati clandestini, raggruppati a seconda dei paesi di provenienza.³

Si decise di fare la guerra alle migrazioni dimenticando che nel passato portoghesi, spagnoli e italiani lasciavano il proprio paese per cercare lavoro. Guardare ad Est, dopo la caduta del muro apparve indubbiamente più proficuo per gli imprenditori e le multinazionali occidentali, mentre, oggi per fare la scelta di orientarsi verso il Mediterraneo bisognerebbe convertire alla religione del Mediterraneo paesi tendenzialmente individualisti come la Germania, L'Olanda e la stessa Gran Bretagna.

Pensare al Mediterraneo come ad una nuova idea di futuro che salvaguardi l'idea di un pensiero meridiano se da un lato appare una strada impraticabile nell'ottica della globalizzazione, dall'altro ridisegna la sola istanza capace di costruire una dimensione collettiva e multietnica in cui si escluda la demonizzazione dell'altro.

In altri termini, se solo smettessimo di considerare anche il mare e il sole una proprietà privata snaturandoli del loro valore di bene pubblico (e in questo anche il Sud ha le sue colpe), "più denaro, più recinti—dice ancora Cassano—il sud si è venduto ma ha perso se stesso" (2015, 58); si potrebbe creare un'alternativa possibile e aperta alla condivisione delle ragioni degli altri, proponendo anche una lettura diversa alla parola "impresa" in termini di produzione culturale e non solo di economia e profitto.

---

testi di poesia e saggi. Per questo argomento si veda *Il mare dell'accoglienza. Mohammed Bennis e la parola "mediterranea"* in azioni parallele.it

³ In occasione dell'incontro di Evian del 4 e 5 Luglio 2005 a cui parteciparono Francia, Spagna, Germania e Italia si stabilì una collaborazione tra questi paesi per il rimpatrio congiunto di cittadini centroafricani. L'Italia, il 29 settembre del 2005, organizzò un volo charter che in partenza da Fiumicino rimpatriò alcuni immigrati nigeriani. Cfr. www1.adnkronos.com (29/09/2005). Per questo argomento vedi anche (Imbornone, 2005) **in** ogim.com

Alla luce di queste considerazioni, appare chiaro, dunque, che per un'idea di Mediterraneo condiviso sarebbe opportuno chiedere alla cultura quello che la politica non fa.

E' un dato di fatto, una testimonianza della storia oltre che della collocazione geografica del mare Mediterraneo che proprio su questo mare che oggi la politica divide, la storia, l'ubicazione e lo scambio dei popoli hanno da sempre veicolato una civiltà mediterranea dell'Altro.

Il Mediterraneo è nato da uno scambio creativo che ha visto cadere e risorgere popoli, in un movimento sempre circolare come la natura delle sue stesse sponde di mare fra le terre, dominato dalla forza centripeta del *nostos*, del ritorno e delle radici comuni a popoli diversi.

L'idea di condivisione del Mediterraneo nasce proprio dall'accezione etimologica che questo mare ha nella lingua araba dove viene definito "il mare bianco di mezzo" quasi a sottolineare[4] "un riferimento specifico all'essere in mezzo, al mettere in contatto le persone" (Morello 2017).

Esso ha la luce abbagliante del sole che lo rende tanto diverso dall'oceano privo di rive che non toccano terre dove l'uomo si perde nell'impeto di una forza centrifuga che provoca sradicamento.

Il Mediterraneo è morto e rinato attraverso la forza della parola che tradotta, inventata, creata e abitata ha costruito millenni di storia sulla voce della poesia e sul suo plusvalore che supera le barriere e cammina sui ponti.

Oggi, che non si vive di parole ma solo di discorsi assertivi piegati alla logica di uno "sviluppo senza progresso"(Pasolini), la parola rischia di estinguersi nel vortice della globalizzazione.

Appare chiaro, pertanto, che per riscrivere un nuovo umanesimo occorre consultare i poeti, leggerli, perché a differenza dei politici essi "vedono" e non "guardano".

Alla maniera di Cebes Tebano che piangeva per la morte di Socrate perché vedeva con gli occhi del fanciullino, i poeti, grazie al senso eterno e riposto delle parole, vedono oltre i muri e sanno che l'essenza dell'uomo è la parola.

---

[4] L'espressione corrisponde all'arabo *al-Bahr al-Abyad al-Mutawassit*-البحر الأبيض المتوسط- che vuol dire appunto mare bianco di mezzo.

Il verbo "vedere" secondo l'etimo greco vuol dire "conoscere per esperienza" e non esiste strumento migliore della poesia per conoscere l'uomo nella sua infinita grandezza e nella sua misera fralezza.

E' un dato di fatto che attraverso i secoli la letteratura ha proposto infinite scene madri su questo mare dall'irriducibile pluralità connessa forse ad una sorta di antropologia dell'acqua che conferisce allo stesso Mediterraneo quasi una forza antropomorfizzante in ragione—secondo Nadia Breda—di una

> [...] autorevolezza che deriva all'acqua dal non essere puramente materia, tanto che non la si può considerare puramente risorsa. Essa è piuttosto un soggetto attivo, persino un agente creatore [...]. Riconoscere autorevolezza all'acqua significa non tanto che noi le lasciamo uno spazio di azione, quanto riconoscere che questo spazio di azione le è proprio e che internamente nostri sono i limiti» (Breda 2005, 3).

Come nell'acqua ogni movimento non è mai identico e uguale ma tutto si rinnova e si mescola, anche i punti di riferimento dell'essere in questo mare si perdono e si confondono creando una grammatica diversa, capace di esprimersi attraverso i simboli della poesia.

Seguire l'inquieto percorso della parola è in fondo quel che hanno fatto i poeti di tutti i tempi, perpetuando sempre l'idea dell'unità nella diversità visibile, per esempio, nel paradigma dell'ulissismo.

Solo per fermarci a pochi esempi, infatti, l'ombra di Ulisse, con la sua eterna e versatile figura e attraverso il suo infinito viaggiare, arriva dal mare nero dell'Odissea, all'Odisseo pascoliano, dissacratore di miti; tocca l'eroe sovrumano dell'ulisside dannunziano fino alla goduta profanazione del "Re di tempeste" di gozzaniana memoria, per giungere alle varianti psicanalitiche dell'Ulisse-Bloom di joyciana memoria e a quello terribilmente fragile di Kafka.

I poeti vedono e sanno che il Mediterraneo è il palcoscenico di luce e di lutto, un unico territorio culturale ove Boccaccio al centro di Napoli aveva ambientato la storia di Andreuccio che viveva le avventure e le disavventure in una sola notte (emulato forse nello schema narrativo anche da Scorsese nel suo *After hour*[5]) trasformando un luogo di pene in una celebrazione dell'intelligenza umana "ove tra gli spazi neri la luce arrivava come un dono invocato e miracoloso e il dolore della «verità nuda» si fondeva con le opere della misericordia e la miseria si vestiva di dignità". (Palumbo, 2007)

Lo stesso mare di mezzo rappresenta ancora la sfida estrema tra la vita e la morte: tra la durezza delle cose e la capacità di resistere attraverso una solidarietà umana che più di tre secoli dopo sarà invocata nella *Ginestra* leopardiana ove l'immagine simbolo de "la lenta ginestra" contro lo sterminio del Vesuvio, diventa l'emblema della resistenza priva del "forsennato orgoglio inver le stelle" che già da allora animava l'*homo currens* ignaro del fatto che:

> Caggion i regni intanto / passan le genti e i linguaggi [...] / e l'uomo d'eternità s'arroga il vanto. (*La Ginestra*, vv 294-296)

L'ispirazione mediterranea percorre in lungo e in largo questo mare della luce passando per Baudelaire, Valéry e il nostro Montale coniugando l'idea di libertà con l'abisso imperscrutabile dell'animo umano. Così se per il poeta maledetto:

> Homme libre, toujours tu chériras la mer!
> La mer est ton miroir; tu contemples ton âme
> Dans le déroulement infini de sa lame,
> Et ton esprit n'est pas un gouffre moins amer[6]
> (*L'homme et la mer*, vv.1-4)

Per Valéry esso è il *Cimitero marino* abbagliato dalla luce.

Nella spigolosa scarna ed essenziale lirica degli *Ossi di seppia*, il Mediterraneo (a cui Montale dedica un intero poemetto) si trasforma in forza antropomorfizzante, sostituto paterno che stupisce i suoi figli con "la sorprendente verginità e anche con la sua vecchiaia, in cui si rinsalda la complicità con l'uomo, con le sue grandezze e decadenze" (Maccario, 179).

---

[5] Il ricordo va al film di Scorsese e alle disavventure del protagonista Paul Hackett che affronta in una sorta di incubo metropolitano la discesa agli inferi dell'uomo comune.
[6] "Sempre il mare, uomo libero, amerai! / perché il mare è il tuo specchio; tu contempli / nell'infinito svolgersi dell'onda / l'anima tua, e un abisso è il tuo spirito / non meno amaro."

Il Mediterraneo è antico quanto l'uomo che sembra essere generato dai suoi fondali e, come il moto alterno delle sue onde, esso segna con il ritmo eterno del suo andirivieni, il passaggio dall'infanzia dell'umanità fino all'età adulta.

L'incanto della comunione con la natura si interrompe, però, nel momento in cui l'uomo tradisce il monito del mare violando la sua legge "dell'unità nella diversità":

> Antico
> [...]
> Come allora oggi in tua presenza impietro,
> mare, non più degno
> mi credo del solenne ammonimento
> del tuo respiro
> Tu m'hai detto primo
> che il piccino fermento
> del mio cuore non era che un momento
> del tuo; che mi era in fondo
> la tua legge rischiosa; esser vasto e diverso
> e insieme fisso
> (*Mediterraneo*, in *Ossi di seppia*, vv. 1-3; 9-12)

La rassegnata consapevolezza della disumanizzazione dell'uo-mo rispetto al mare è testimoniata ancora da Montale nella difficile vicenda della sua poetica di *Mediterraneo* ove l'anelito del poeta di emulare la lezione del mare si rivela quasi come un desiderio impossibile di smaterializzare la disumanità dell'uomo cancellandone quasi il corpo macchiato, per estendersi e fondersi con lo stesso mare:

> Avrei voluto sentirmi scabro ed essenziale,
> siccome i ciottoli che tu volvi,
> mangiati dalla salsedine.
> (*Avrei voluto sentirmi sentirmi scarno ed essenziale*, vv.1-3)

L'essenza del Mediterraneo è in fondo il viaggio in sé, perché in questo mare non si consuma ma si ricerca l'uomo alla maniera di Costantino Kavafis per il quale la meta corrisponde al territorio dove dipanare la matassa delle nostre esperienze di vita:

> Quando ti metterai in viaggio per Itaca
> devi augurarti che la strada sia lunga,
> fertile in avventure e in esperienze.
> [...]
> Sempre devi avere in mente Itaca—
> raggiungerla sia il pensiero costante.
> Soprattutto, non affrettare il viaggio;
> fa che duri a lungo, per anni, e che da vecchio
> metta piede sull'isola, tu, ricco
> dei tesori accumulati per strada
> senza aspettarti ricchezze da Itaca.
> (*Itaca*, vv.1-3; 24-30)

Ancora, il Mediterraneo è come per l'*Ulisse* di Saba la terra di nessuno:

> [...]. Oggi il mio regno
> è quella terra di nessuno; il porto
> accende ad altri i suoi lumi; me al largo
> sospinge ancora, il non domato spirito,
> e della vita il doloroso amore (*Ulisse*, vv.9-13)

In altre parole, il Mediterraneo dei poeti e dei ricercatori di anime non esiste come totalità organica di un tutto ma come parti di un insieme. Da mare bianco di luce a mare rosso di sangue il *mare nostrum* oggi continua a parlare attraverso la voce dei poeti; tuttavia, se la sua quotidiana bellezza per il poeta greco G. Seferis si esprimeva nei versi di una preghiera.

> [...] Signore, essi non sanno che
> noi Siamo solo ciò che possiamo essere.
> Curando le nostre piaghe con erbe raccolte sui verdi pendii, non
> laggiù ma qui, molto vicino.
> respiriamo come possiamo,
> con la timida preghiera d' ogni mattino che si fa strada verso la riva
> lungo le faglie della memoria[7]
> (*Ποιήματα* (196))

Per Erri De Luca, poeta di strada e nuovo *maudit,* il Mediterraneo è il Dio misericordioso a cui consegnare le colpe della nostra libertà che uccide:

---

[7] Ὑστερόγραφο', 11 Σεπτέμβρη '41, in G. Seferis, *Ποιήματα* (Atene, 1964), 196.

> Mare nostro che non sei nei cieli
> […]
> accogli le gremite imbarcazioni
> senza una strada sopra le tue onde,
> […]
> tu sei più giusto della terraferma
> […]
> Custodisci le vite, le visite cadute
> come foglie sul viale
> fai da autunno per loro,
> da carezza, da abbraccio, bacio in fronte
> madre e padre prima di partire.
> (*Preghiera laica* vv.1, 5-6, 17, 20-24)[8]

Se la poesia ha il dono della veggenza, forse non sbagliava Platone a immaginare una repubblica ideale quando pensava che a governare dovessero essere i poeti e i filosofi.

Va rilevato, tuttavia, che oggi, in un mondo in cui esiste la libera circolazione delle merci ma non degli uomini sarebbe difficile immaginare che i politici tengano conto della voce dei poeti.

Se la politica sta al protagonismo spicciolo come la poesia sta alla passione, in conclusione è ancora Cassano che senza troppe disquisizioni ci svela l'arcano:

> I politici sono un po' come i professori, non possono trasmettere l'amore per una poesia se non fanno vedere ai ragazzi senza pudore il loro amore. Se non si fa vedere la propria passione, non la si riesce a trasmettere agli altri. I movimenti nascono dalle commozioni. (Cassano 2001, 108).

In fondo, "non è, né la fede né il Mediterraneo ma l'ignoranza è il mare che divide" (Palieri 2009).

---

[8] La poesia è stata recitata da Erri De Luca in seno alla trasmissione "Piazza pulita" andata in onda su (La7) il 21 aprile del 2015 per le vittime dei numerosi naufragi di profughi in Sicilia.

BIBLIOGRAFIA

Baudelaire, Charles. *I fiori del male*. Testo francese a fronte (a c. di Davide Rondoni). Roma: Salerno Editrice, 2010.

Bennis, Mohammed. *La Méditerranée: pluralité culturelle et destin commun*, Postface in AA. VV., *Le nouvelle Méditerranée. Conflits et coexistence pacifique*, (a c. di D. Bendo-Soupou). Torino-Parigi: L'Harmattan, 2009.

Breda, Nadia. *Per un'antropologia dell'acqua* in "*Erreffe*", n. 51 -aprile 2005.

Cassano, Franco. *Modernizzare stanca*. Bologna: il Mulino 2001.

_____. *Il pensiero Meridiano*. Bari: Laterza, 2015 (ed. digitale).

Giuliani, Francesco. Dal Mediterraneo a Leopardi. Quattro libri di Franco Cassano in "La Capitanata" 2005, 18, .

Imbornone, Jole Silvia. *Il G5 decide rimpatri comuni per i clandestini e maggiori controlli alle frontiere interne* in www.ogim.org, 05/07/2005. (consultato il 16/10/2018).

Jelloun, Tahar Ben. *Mediterraneo, la poesia del lago di luce*. La Repubblica.it 4 settembre 2005 (consultato il 15/09/2018).

Kavafis, Costantino. *Poesie*. Milano: Garzanti, 2017.

Leopardi, Giacomo. *Tutte le poesie e tutte le prose*. Roma: Newton Compton, 2007.

Maccario, Mauro. *Mediterraneo mare interiore: Eugenio Montale e Rafael Alberti, un caso di affinità mediterranea* in revistas.ucm.es/index.php/CFIT/article/download/CFIT9797110163A/18056 (consultato il 15/04/2018).

Montale, Eugenio. *Ossi di seppia*. Milano: Mondadori, 2003.

Morello, Alessandro. *Un mare di sfumature. Universo mediterraneo* in "Dialoghi Mediterranei", n.23 gennaio 2017 ora in istitutoeuroarabo.it (consultato il 10/11/2018).

Palieri, Maria Serena. *Né la fede né il Mediterraneo, è l'ignoranza il mare che divide*, in "L'Unità", 29/09/2009 (consultato il 23/07/2018).

Palumbo, Matteo. *Boccaccio e la città dei misteri*. La Repubblica.it 20 marzo 2007 (consultato il 14/11/2018).

Seferis, Giorgios. *Ποιήματα*. Atene: 1964.

Saba, Umberto. *Tutte le poesie*. Milano: Mondadori, 1988 (quarta edizione).

Cultura classica e pensiero meridiano
dal Mediterraneo degli Antichi a Franco Cassano

Rosario Giovanni Scalia

Nella *Prefazione* all'edizione del 2005 de *Il pensiero meridiano*[1], Franco Cassano prova a tracciare un primo bilancio dell'im-patto del suo saggio, nove anni dopo la sua prima pubblicazione, nel 1996.

Registrando l'indubitabile successo del libro, che ha diviso i suoi lettori tra entusiasti sostenitori e accaniti detrattori, Cassano rileva tuttavia, da entrambe le parti, una generale semplificazione del suo pensiero che egli imputa in larga parte a se stesso, reo di non avere adeguatamente esplicitato il substrato culturale dei suoi assunti.

Ed in effetti anche il lettore odierno, a oltre dieci anni da quella *Introduzione*, se da un lato resta ammirato dalla densità della prosa del saggio e dal suo carattere evocativo e indubbiamente artistico, dall'altro ha talora difficoltà a cogliere con pienezza l'intricata rete di riferimenti, sottintesi, allusioni che si intuiscono dietro ogni frase, quasi dietro ogni parola.

Come è noto Cassano si propone nel saggio di opporre un moderno pensiero meridiano al meridionalismo imperante. Di promuovere uno sguardo autonomo del Sud sul Sud che contesti lo stereotipo imposto dall'esterno, e quindi colonialista, di un Sud violentemente bello nel suo esotismo, ma irrimediabilmente arretrato, ostaggio delle mafie e dunque perduto e irredimibile. Un punto di partenza che ha delle analogie molto forti con quello del celebre saggio di Edvard Said, *Orientalism*[2], che non a caso Cassano cita, pur puntualizzando alcune significative differenze tra l'orientalismo definito da Said e il meridionalismo contro il quale egli si scaglia.

Nella fondazione di un moderno pensiero meridiano, Cassano ritiene ineludibile il confronto e il recupero delle sue radici più antiche: il pensiero meridiano classico, di matrice prevalentemente mediterranea e greco-romana. A queste origini Cassano allude quando dichiara che bisogna "restituire al Sud l'antica dignità di soggetto del pensiero" (VII).

---

[1] F. Cassano, *Il pensiero meridiano*, Roma-Bari, Laterza, 2005².
[2] E. Said, *Orientalism*, New York, Pantheon Books, 1978.

Obiettivo di questo intervento è quello di porsi in ideale prosecuzione con i fini dichiarati da Cassano nella sua prefazione, per esplicitare e discutere criticamente i collegamenti che *Il pensiero meridiano* istituisce con il pensiero classico greco—romano.

Per farlo bisogna innanzi tutto enucleare i capisaldi del pensiero meridiano. Ce li indica lo stesso Cassano, ponendoli in successione nei paragrafi della sua prefazione: autonomia (VIII-XIV), lentezza (XV-XXII), Mediterraneo (XXIII-XXVIII), misura (XXVIII-XXXVII).

Cominciamo dal primo, la lentezza. Non è difficile scorgere dietro la lentezza predicata da Cassano e da lui opposta alla frenesia della modernità la lezione dei classici. Quando, nel suo *j'accuse* contro l'accelerazione che caratterizza il turbocapitalismo, o contro la "tirannia dell'urgenza"[3], egli denuncia la distruzione di "forme di esperienza preziose e indispensabili per l'uomo" (XV), o invoca la necessità che "un reale progresso nasca dalla possibilità di disporre di una molteplicità di tempi" (XVI), Cassano ha alle sue spalle la riflessione filosofica classica che introduce una duplicità del tempo presente: quello potenziale che ci è concesso in sorte insieme con la vita, e quello che noi riusciamo a vivere pienamente, trasformando la potenzialità del tempo inerte nell'attualità della vita vissuta. Gli antichi ci mettono in guardia contro chi si limita semplicemente a riempire il tempo, in una sorta di continuo *horror vacui*, che Cassano definisce anche "fuga dalla pausa" (19); usare il tempo significa trasformare, come dicevano i Greci, il *chrònos* in *kairòs*, o—per dirla con Seneca—il *tempus* in *vita*[4].

E nell'accelerazione propria della modernità è insito per Cassano anche il rischio della perdita di un altro tempo fondamentale, il passato, sulla cui contemplazione e riflessione i classici avevano costruito il loro concetto di *historia* come *magistra vitae*; Con Augé[5] Cassano ritiene che "la storia futura non produrrà più rovine. Non ne ha il tempo. Essa produrrà solo rifiuti, assediata dal passato prossimo del suo metabolismo" (XVII). Ma se la storia cessa di essere *magistra vitae*, sembra preconizzare Cassano, il pericolo concreto è la perdita di sapere intergenerazionale e di memoria sociale, prodotta

---

[3] Cassano trae questa espressione dal titolo del saggio di Z. Laïdi, *La tyrannie de l'urgence*, Montreal, Editions Fides, 1999.
[4] Cfr. ad es. Seneca, *De brevitate vitae*, 2, 2, 9: "Exigua pars est vitae qua vivimus. Ceterum quidem omne spatium non vita sed tempus est".
[5] M. Augé, *Rovine e macerie. Il senso del tempo*, Torino, Bollati Boringhieri, 2004, 137.

da un'accelerazione che assolutizza il presente e ritiene un'inutile perdita di tempo la riflessione sul passato.

La lentezza mediterranea proposta da Cassano è invece l'opportunità dell'*otium*, inteso come momento quotidiano di riflessione, introspezione psicologica, crescita interiore e necessario contraltare del *negotium*, l'attività giornaliera che ci esige e ci assorbe. È la lentezza dell'agorà greca o delle terme romane, la lentezza dei cultori del *lògos* che popolano le scuole filosofiche, il cui nome greco, *scholè*, significa letteralmente tempo libero, quiete, riposo, in una parola *otium*.

Non a caso una delle opere antiche più citate da Cassano sono i *Dialoghi* di Platone, perfetta traduzione narrativa e filosofica di come la lentezza produca l'incontro accogliente tra pensieri diversi. I *Dialoghi* di Platone rappresentano per Cassano il trionfo dell'attività mediatrice della parola sull'inconciliabilità dei conflitti; la tensione verso la verità, pur nella consapevolezza della sua provvisorietà e della necessità continua di precisazione e revisione; la ricerca dell'altro, nell'ansia di continuare una discussione mai del tutto interrotta e mai del tutto giunta a conclusione. Un movimento che è esattamente l'opposto della contrapposizione degli integralismi, ognuno chiuso nella sua pretesa di verità assoluta e non contrattabile.

La frenesia della vita moderna, che distrugge la lentezza, è rappresentata in Cassano dal paradigma dell'*homo currens*. Paradigma argutamente ambiguo che sovrappone in sé il senso antropologico dell'uomo fagocitato dai ritmi quotidiani di una vita frenetica, ma anche il senso letterale e paradossale dell'uomo che corre per tenersi in forma anche nel tempo libero, così da conquistare e mantenere un benessere fisico quotidianamente insidiato dalla frenesia della sua vita. Per questo prototipo di uomo, la democrazia con i suoi dibattiti, i suoi confronti, i suoi faticosi compromessi, le sue votazioni è un inutile perdita di tempo che ne intralcia il cammino e ne rallenta l'incedere.

Ma chi altri è l'*homo currens*, che Cassano stigmatizza come prodotto drogato della modernità, se non l'evoluzione moderna dell'*oc-cupatus* di cui parla Seneca?[6] Un uomo continuamente in ostaggio dei suoi presunti doveri, interessi e affari, che dissipa il proprio tempo, salvo essere poi terrorizzato dall'idea che il tempo rimasto a sua disposizione sia ormai prossimo alla fine.

---

[6] Cfr. *De brevitate vitae*, capp. VII-VIII.

Un uomo che ha perso la dimensione meridiana del pensare a piedi, dell'*ambulando discimus*; una dimensione di cui l'emblema più alto resta forse la scena iniziale del *Fedro* di Platone, in cui Socrate e Fedro si allontanano a piedi da Atene verso una campagna attica inondata di sole e assordata dal frinire delle cicale, discutendo di retorica e di filosofia.

L'idea di lentezza, così come proposta da Cassano, è per questo molto vicina all'altra di misura, anzi potremmo dire compresa in essa. L'*homo currens* di Cassano ha perso il senso della misura e la sua corsa sfrenata è l'emblema di uno squilibrio profondo e insanabile.

Ancora una volta quello dell'equilibrio è un concetto classico. Ci vorrebbe un intero volume per poter delineare anche solo per larghi tratti il concetto classico di misura, riassunto nell'antichis-sima massima sapienziale del *medèn àgan*, il "niente di troppo", o nel concetto di *kòsmos*, l'ordine universale, il Cosmo appunto, ma anche l'ordine al contempo etico ed estetico della vita; un ordine che non ammette rotture e quando le subisce tende ad una naturale ricomposizione, il cui prezzo è spesso la rovinosa eliminazione dell'elemento perturbante. Quando Cassano dice che "se si forza una situazione oltre la misura si corre il rischio di andare incontro a sbocchi catastrofici" (XXIX) egli non fa che ripetere la lezione della tragedia greca, dove ad ogni rottura del *kòsmos*, che si configura come *hýbris*, segue l'implacabile punizione del colpevole[7].

Il principio della misura come sintesi felice degli opposti permea d'altronde tutta la cultura greca: è nella filosofia presocratica, dove i quattro elementi di Empedocle sapientemente dosati in delicate opposizioni strutturano la realtà. È nella medicina ippocratica, dove l'equilibrio degli umori corporei produce la salute. È nella tragedia greca, dove la rottura, anche inconsapevole, dell'ordine è un sacrilegio punito con la morte.

Il riferimento al mondo classico, e alla Grecia in particolare, diventa ancora più stringente e puntuale nella sezione del saggio di Cassano dedicata esplicitamente alle origini elleniche del pensiero meridiano: "La Grecia: il mare nella mente" (cap. II, 1, 21-24). Qui ad essere presi in considerazione sono quelli che Cassano considera i tre fondamenti della cultura greca: il politeismo, la filosofia e la tragedia.

---

[7] Di questa coesione tra uomo e ordine cosmico, la cui rottura è atto di *hýbris*, Cassano trova le tracce anche in molti scrittori africani (XXXV).

Per Cassano queste tre manifestazioni dello spirito e della cultura greca sono in qualche modo complementari, e rappresentano tre atteggiamenti diversi e talora alternativi nei confronti della vita. Il politeismo, infatti, con il suo infinito *pantheon* di divinità, rappresenta la capacità del pensiero antico di accogliere prospettive diverse ed alternative, la sua propensione alla tolleranza di punti di vista differenti, la necessità tutta politica di inglobare elementi culturali provenienti da tradizioni religiose differenti dalla propria. Se un Dio unico e monocratico produce di necessità un pensiero *ad excludendum*, un'infinita schiera di dei è aperta invece alle contaminazioni e alla possibilità dell'inclusione. Le uniche persecuzioni religiose che si ricordino, nell'impero romano, sono non a caso quelle nei confronti delle grandi religioni monoteiste, giudaica e cristiana, le quali, per il fatto di negare la possibilità di ogni altro principio divino e di ogni altro culto, racchiudevano, agli occhi dei loro persecutori, i pericolosi germi della prevaricazione, dell'integralismo e del fanatismo.

Nella triade politeismo—filosofia—tragedia, la filosofia, fondata sul *lògos*, occupa il posto intermedio. La filosofia greca è per Cassano il simbolo della fiducia ellenica nel *lògos* e nella sua capacità di mediazione; nella possibilità, cioè, di ridurre le distanze tra posizioni contrapposte tramite il pensiero discorsivo. La tragedia rappresenta invece per Cassano la negazione di questa possibilità. Essa nasce dove la filosofia fallisce, se il tentativo di ricomposizione degli opposti operata dal *lògos* non dà i suoi frutti e ognuna delle due parti resta arroccata sulle sue posizioni, talora entrambe pienamente legittime ancorché opposte; ecco allora che si produce la frizione dell'opposizione tragica con i suoi risultati rovinosi ed ultimativi.

Ma per Cassano la triade politeismo—filosofia—tragedia su cui si fonda la cultura greca sarebbe inspiegabile senza l'esistenza dell'*humus* culturale che, a suo avviso, ne ha determinato il sorgere. Tale *humus* sarebbe la vocazione democratica di molte *pòleis* greche, Atene *in primis*, che ha fornito un ambiente sociale e culturale propizio al dibattito, al confronto, al relativismo delle idee e dei valori.

E a sua volta, proseguendo nella lettura del saggio, appare evidente come, secondo Cassano, i regimi democratici greci non sarebbero potuti sorgere se non nel contesto e nell'alveo della cultura mediterranea e della dialettica mare / terraferma che ne è il tratto distintivo.

In Cassano l'influsso mediterraneo, la forma politica della democrazia, il pensiero discorsivo e persino il rischio dell'esito tragico del confronto sono un tutt'uno, in un originale connubio di elementi geografici e di prospettive ideologiche che traggono la loro ragion d'essere gli uni dalle altre, in "una omologia strutturale tra la configurazione geografica della Grecia e la sua cultura", tra le lingue di terra che si proiettano sul mare e la "singolarizzazione individuale" dello "spirito greco" e della civiltà che ne è il prodotto (21).

Ma è proprio nell'istituire questa relazione che il pensiero di Cassano, che non a caso si ispira qui esplicitamente alla formula hegeliana dello "spirito greco", si espone a qualche debolezza, mostrando la dipendenza da paradigmi storiografici e da incrostazioni ideologiche, retaggio di una visione del mondo classico elaborata tra il XVIII e il XIX secolo, di cui oggi si auspica il superamento.

Nei paragrafi del saggio dedicati alla cultura greca "La Grecia: il mare nella mente" (cap. II, 1), "L'Europa e la Grecia" (cap. II, 3), "Nostos e Mediterraneo: la misura tra terra e mare" (cap. II, 5) e "Il conflitto di Ulisse" (cap. II, 6), sembra quasi che Cassano, impegnato nel costruire un pensiero del Sud, non si preoccupi troppo di fargli spazio incuneandolo in una eccessiva divaricazione est—ovest. Una divaricazione che forse nel 1996 appariva al lettore meno evidente, ma che oggi, alla luce degli eventi degli ultimi venti anni, risulta di certo assolutamente inopportuna, oltre che fallace.

Esempi di questa divaricazione est—ovest sono senz'altro l'ade-sione da parte di Cassano al paradigma di Toynbee[8] sul rapporto privilegiato tra Grecia e acqua, assente invece nei grandi regni orientali, secondo il quale "l'arteria centrale e principale del mondo ellenico fu sempre una via d'acqua" (21). O il suo concordare con Burckhardt[9], nel sostenere "la differenza fondamentale tra la cultura dispotica dello Stato asiatico e quella democratica della Grecia" (22).

Ma tra gli esempi possibili di questa divaricazione tra Oriente e Occidente su cui si regge il paradigma meridiano di Cassano, quello più illuminante mi sembra la ricostruzione dell'origine della filosofia. La filosofia, come sapere plurale, sostiene Cassano sulla scia di Derrida[10], non potrebbe che essere greca, anzi è la prova più evidente del "miracolo greco" (25). Sulla scorta di un

---

[8] A. J. Toynbee, *Il mondo ellenico,* Torino, Einaudi, 1967, 27-29.
[9] J. Burckhardt, *Considerazioni sulla storia universale*, Milano, SE, 1990, 90.
[10] J. Derrida, *La scrittura e la differenza*, Torino, Einaudi, 1982, 196-7.

celebre aforisma di Nietzsche[11], anzi, la filosofia sarebbe il tratto distintivo della cultura greca rispetto a tutte le altre, giacché "mentre gli altri popoli hanno i santi, i greci hanno i sapienti" (25). Della visione plurale del mondo che la filosofia veicola, infine, sarebbe emblema e simbolo la stessa frammentazione geografica della Grecia: "è sul mare greco—dice Cassano—che è iniziata l'avventura del *logos*" (25).

Questa ricostruzione della nascita della filosofia in Grecia è chiaramente dipendente da modelli storiografici elaborati in Europa tra Sette e Ottocento, volti ad esaltare il mito del "miracolo greco". Di una filosofia cioè che sarebbe nata priva di radici e presupposti, in totale autonomia e di fatto già perfettamente compiuta, alla fine dell'Età arcaica, nel mondo greco coloniale e nella stessa penisola greca, al pari di una novella dea Atena, la quale, secondo il mito, era nata per partenogenesi dalla testa di Zeus già adulta e armata della panoplia.

Il ruolo dell'Oriente nella nascita della filosofia greca è minimizzato, e sono piuttosto i sapienti orientali, per Cassano, ad aver bisogno di approdare in Grecia per diventare filosofi, permettendo al mare di rendere orizzontale un sapere che in loro riflette ancora la verticalità delle gerarchie dei regni da cui provenivano (26):

> I Sapienti come i Re Magi approdano sulle colonie greche dell'Asia Minore provenendo dagli altipiani iranici. Ma quando arrivano sulle coste dell'Egeo la verticalità delle loro parole lentamente si inabissa, le prospettive perdono la loro rigidità gerarchica e scivolano sullo stesso piano: il mare rende orizzontale un sapere che era verticale, spinge la fissità della terra a confrontarsi con il moto incessante ed infinito delle onde. E man mano che i mistici scendono dalle montagne, dal raccoglimento degli oracoli, man mano che la loro parola scende giù verso l'orizzontalità del mare, accettando di andare per le strade, di sentirsi plurale, contraddetta, smentita, contestata, si compie il miracolo greco.

Ricostruzione senza dubbio suggestiva, ispirata al paradigma di Chabod[12], che contrappone lo spirito di libertà che anima le *poleis* greche, al "dispotismo asiatico". Ci chiediamo tuttavia se, affermando che proprio su

---

[11] F. Nietzsche, *La filosofia nell'epoca tragica dei Greci e scritti 1870-1873*, Milano, Adelphi, 1991, 146.
[12] F. Chabod, *Storia dell'idea d'Europa*, Roma-Bari, Laterza, 1995, 23.

questa contrapposizione "la Grecia annunzia l'Europa" (29), Cassano non rischi involontariamente di fornire un fondamento ideologico a chi attribuisce ad un difetto di democrazia dell'Oriente le odierne tensioni geopolitiche; se non rischi di andare anche lui ad ingrossare le fila di quel sistema "orientalista" denunciato da Said[13], e di corroborare il paradigma di Huntington[14] dello "scontro di civiltà"; se non rischi di fondare sulle ceneri del meridionalismo non un pensiero meridiano ma un meridianismo.

Affermare che l'Europa abbia fatto le sue prove iniziali in Grecia (30), e che esista una continuità diretta tra lo spirito europeo e quello greco, ammesso che dell'una come dell'altra civiltà esista uno spirito e uno solo, non finisce per risuscitare il vecchio mito idealista ed hegeliano del *Volkgeist*, lo spirito di un popolo?

Allo stesso modo appare quanto meno azzardato il tentativo di costruire un'opposizione est—ovest sul crinale della differenza tra dispotismo e libertà, o tra gerarchia e individualismo, come anche appare azzardata la riproposizione della definizione del popolo tedesco come di "Asiatici d'Europa"[15], in quanto popolo e nazione tradizionalmente di terra e non di mare. E altrettanto rischioso potrebbe apparire istituire una relazione diretta tra intelligenza e mare o consentire con l'affermazione di Josif Brodskij[16], secondo il quale "ad Atene Socrate poteva essere processato pubblicamente e poteva pronunciare interi discorsi—tre discorsi—in propria difesa. A Ishafan, mettiamo, o a Bagdad un Socrate sarebbe stato impalato seduta stante, impalato o flagellato, e tutto sarebbe finito lì" (XXX).

D'altronde la conclusione di Cassano non sembra lasciare adito al dubbio: il suo ragionamento sul confronto tra Oriente e Occidente si chiude con un auspicio ad un dialogo che "può aiutare l'Oriente a fare spazio alla libertà e l'Occidente a mettere a tema le dimensioni che trascendono l'*hic et nunc* dell'individuo".

---

[13] Cfr. n. 2.
[14] S. Huntington, *The Clash of Civilizations and the Remaking of World Order*, New York, Simon & Schuster, 1996.
[15] La definizione dei Tedeschi come "Asiatici d'Europa" è ispirata a A. Savinio, *Opere. Scritti dispersi tra Guerra e Dopoguerra (1943-1952)*. A cura di L. Sciascia e F. De Maria, Milano, Bompiani, 1989, 62.
[16] I. Brodskij, *Fuga da Bisanzio*, Milano, Adelphi, 1987, 153.

In verità questa polarizzazione est—ovest, più di stereotipi e vulgate che di un serio lavoro storiografico, appare in via di superamento, almeno per quanto riguarda il panorama degli studi classici, da parte della moderna storiografia del mondo antico.

Se è vero che *màgoi* babilonesi arrivarono dall'Oriente sulle coste dell'Egeo a "orizzontalizzare" il loro pensiero, non è forse vero anche, e soprattutto, il contrario? Non è il grande politico ateniese Solone, considerato uno dei Sette Sapienti, a recarsi in Egitto e in Lidia per imparare dalla sapienza orientale, una volta conclusa la sua carriera politica? E non è Aristotele a dichiarare la sua grande ammirazione per la matematica e le scienze egiziane, di cui la cultura greca appare debitrice[17]?

Ed è così vero che la struttura urbanistica della città greca si differenzia da quella orientale perché l'una ha al centro il palazzo e l'altra l'agorà? O non è piuttosto da confrontare la centralità del palazzo nella concezione urbanistica delle civiltà orientali con la rigorosa struttura ascensionale delle *pòleis*, dove il vero fulcro cittadino non era l'agorà, ma l'acropoli, simbolicamente incombente sull'intero agglomerato urbano e dimora della divinità poliade? E che dire, poi, dell'evoluzione urbanistica in età ellenistica, e di una città come Alessandria d'Egitto, dove la pianta ortogonale di tipo "asiatico", con al centro il palazzo dei re Tolomei (ma anche la Biblioteca), fa da scenario e da sfondo ad una cultura profondamente ellenizzata?

E ancora: se da un lato si può esaltare la scoperta del relativismo da parte della cultura greca, non bisogna dimenticare che tale scoperta va contestualizzata all'interno di un corpo sociale come quello delle *pòleis* greche che ammettevano certamente il dibattito, ma lo incorniciavano nel quadro di alcuni valori irrinunciabili e non contrattabili.

E se il senso della collettività è annoverato da Cassano fra gli *Asian values*, i valori asiatici, non si può negare la presenza di un forte senso della comunità anche presso i Greci, efficacemente rappresentato dal loro combattere serrati spalla a spalla nelle falangi oplitiche, o dall'importanza dei riti collettivi, come le cerimonie religiose in tutte le *pòleis*, le rappresentazioni

---

[17] Sui viaggi in Oriente di Solone si veda Plutarco, *Vita di Solone*. Quanto all'ammirazione di Aristotele per la scienza egiziana si veda ad esempio *Metafisica* I 1, 981b 23, dove Aristotele sostiene che per la prima volta in Egitto si creano le condizioni per la nascita della matematica.

teatrali ad Atene, l'educazione militare in comune a Sparta. E allo stesso tempo non si può tacere come tale forte senso della comunità e dell'identità ellenica fosse anche fondato su una comune, feroce avversione nei confronti del non greco, impietosamente e snobisticamente bollato come "barbaro", e di una altrettanto feroce esclusione dalla vita politica e sociale di intere categorie di *minus habentes*, quali le donne, i meteci o gli schiavi.

E infine, è legittima una ricostruzione della filosofia greca come fenomeno orizzontale, retaggio dello spirito di un intero popolo, o piuttosto bisogna connotare l'attività speculativa come un fenomeno prevalentemente elitario? E siamo proprio sicuri che il mare renda orizzontale in Grecia un sapere che negli altipiani iranici o in Egitto era solo verticale e "ammetta tutti all'*agon* della discussione" (26)? Filosofie come quella di Parmenide, di Pitagora o di Platone non sono piuttosto rappresentazioni di una concezione elitaria e aristocratica del sapere?

Anche la stessa contrapposizione che Cassano istituisce tra filosofia e tragedia, dove la prima costituirebbe l'arte della composizione dei contrasti, addomesticati tramite il *lògos*, e la seconda la rappresentazione di un conflitto inconciliabile, appare piuttosto azzardata. Non è forse potentemente pessimista la filosofia presocratica, che mette in dubbio la capacità di conoscere dell'uomo, immerso com'è nel divenire? E non è tragica la prospettiva platonica, che svaluta il mondo sensibile come regno di ombre, ed è costretta a collocare la perfezione in un mondo altro e superiore?

Forse il saggio di Cassano andrebbe oggi riaggiornato sulla direttrice culturale est—ovest, alla luce anche delle ultime acquisizioni della storiografia contemporanea. Per esempio alla luce della lettura di *East and West*, un saggio di M. L. Gemelli Marciano, storica della filosofia antica dell'Università di Zurigo, che demistifica alcuni miti germanici sul "miracolo greco", da Hegel a Nietzsche, ed esalta l'apporto delle culture orientali al sorgere della filosofia greca[18]. O a partire dal saggio di L. Perilli, storico della filosofia antica all'Università di Roma Tor Vergata, significativamente intitolato *You Greeks are always children: the infancy of wisdom*[19], che ribaltando

---

[18] M. L. Gemelli Marciano, *East and West*, in L. Perilli—D. P. Taormina (edd.), *Ancient Philosophy*, New York, Routledge, 2018, 1-40. Si veda anche la ricchissima bibliografia che correda il saggio.
[19] L. Perilli, '*You Greeks are always children': the infancy of wisdom*, in L. Perilli – D. P. Taormina (edd.), *cit.*, 85-101.

il paradigma ellenocentrico sulle origini della filosofia, prende le mosse dalla celebre battuta di un saggio sacerdote egiziano, personaggio del *Timeo* di Platone[20], che irride la fanciullezza del sapere greco rispetto alla vetustà di quello egiziano.

Ovviamente tali letture non vengono proposte al fine di sostituire un paradigma con un altro diametralmente opposto, passando dal mito idealista del miracolo greco a quello filo-orientale dell' *ex oriente lux*, della luce proveniente dall'Oriente. Le opinioni di Perilli e di Gemelli Marciano servono piuttosto a riequilibrare una bilancia che nel saggio di Cassano sembra pendere troppo dal lato della Grecia e dell'Occidente.

Come Cassano ha felicemente intuito la necessità di un pensiero autonomo e originale del Sud, svincolato dai dogmi del liberalismo imperante, credo che sia altrettanto importante oggi la costruzione di un pensiero di confine per così dire "indoeuropeo", capace di superare vieti paradigmi di contrapposizione est—ovest per fare emergere quella *koiné* culturale che in verità è la vera origine tanto dell'Europa quanto di molte civiltà orientali, così da evidenziare come elaborazioni molto diverse, talora solo nella forma, talaltra anche nella sostanza, traggano comunque spunto da premesse e punti di partenza assolutamente comuni.

All'invito di Cassano a riformare lo sguardo, a spostarlo sulla carta geografica da ovest a est, dall'Oceano al Mediterraneo, affinché quest'ultimo riacquisti la sua centralità, si potrebbe perciò aggiungere l'invito a riformare ulteriormente lo sguardo, spostandolo ancora un po' più a Est, per porre al centro della nostra ideale carta quel Medio Oriente e quell'Asia di mezzo oggi così martoriata nei confini nazionali curdi, iracheni, siriani, palestinesi. In una tale prospettiva sarebbe più agevole cogliere l'importanza di questo storico crocevia e *trait d'union* tra l'Oriente asiatico e l'Occidente europeo, che tanto influsso ebbe sulle culture mediterranee nel passato, e che ancora è destinato, nel bene e nel male, per i prossimi decenni, ad essere l'ago della bilancia di futuri e nuovi equilibri culturali e geopolitici.

---

[20] Platone, *Timeo*, 22b.

Mare Mediterraneo
come memoria individuale e collettiva

Maria Rosaria Vitti-Alexander

Cosa significa raccontare il Mediterraneo, e perché continua a sussistere questa esigenza vecchia di millenni. Raccontare il Mediterraneo significa narrare storie personali e collettive che vivono assolute perché ormai immagini mitologiche. Significa dover rifarsi alla rotta di Ulisse, prototipo dell'uomo moderno, che con il suo lungo vagare ci ha insegnato ad unire le sponde di questo mare, da East a Ovest da Nord a Sud. Raccontare il Mediterraneo equivale a narrarne leggende e realtà di luoghi dove sono passati non solo dei immortali ma anche uomini mortali del nostro stesso secolo, e i racconti degli uni e degli altri si intrecciano fino a fare del pensiero individuale conscienza collettiva. Il Mediterraneo è il tema dell'acqua, incontrarsi e scontrarsi, conservare e perdere, trasmettere e trattenere, dove si ritrovano temi e motivi, poetiche e affinità elettive, e le culture che si riflettono su queste acque si ritrovano. È un racconto quello del Mediterraneo fatto di parole, di musica, di cinematografia o di tutte queste forme artistiche messe insieme. Franco Cassano ha scritto del Mediterraneo: "[...] il Mediterraneo [...] e il suo valore sta proprio in questa irriducibile molteplicità di voci, nessuna delle quali può soffocare l'altra."[1]

È valido asserire che il mare non è un luogo per sé, piuttosto è memoria individuale e collettiva come ci racconta il lavoro di Giovanna Taviani che si rifà al quello dei Fratelli Taviani e questi a loro volta ai racconti di Pirandello. Nel suo bellissimo *Fughe e approdi*,[2] la Taviani riprende il racconto dell'isola della pomice, luogo già mitico. Durante il tempo degli dei è qui che il dio Eolo aveva la sua residenza, ed era su queste isole della pomice che egli richiamava i suoi venti. Nel periodo della dinastia Borbone diventano luoghi infernali. Prigionieri politici e malavitosi vengono portati qui a lavorare nelle cave e qui muoiono. "La morte bianca" era chiamata l'arresto respiratorio causato dalla polvere di pomice che li soffocava lentamente fino alla morte. Questa immagine di luoghi di memoria comune e collettiva con-

---

[1] Franco Cassano, *Il pensiero meridiano*, Laterza, 1966, p.XXIV.
[2] Giovanna Taviani, *Fughe e Approdi*. 2010, DVD.

tinua fino ai nostri giorni quando le isole diventano luogo ideale per il "confino politico" per i dissidenti politici. E la fuga roccambolesca di tre di loro, Rosselli, Lussu e Nitti si fa mito universale della rivalsa dell'uomo giusto contro il tiranno quando una notte, sfidando tutto e tutti, a bordo di un piroscafo trovano rifugio in Tunisia.

Nella storia del Mediterraneo la cinematografia occupa un posto unico. Immagini di questi luoghi e i volti dei protagonisti che ci hanno incantato si rincorrono dalla Magnani alla Bergman, dalla Vitti alla Cucinotta, è un calendoscopio indimenticabile. È a Lipari il mitico risveglio di Mario di *Il postino* di Redford.[3] Su questa isola, dove gli uomini per secoli hanno vissuto nella negazione di loro stessi, schiacciati dal duro lavoro della pesca e dall'ingiustizia, Mario, stimolato dalla poesia e dalla vicinanza del poeta esiliato Neruda, acquista conoscienza del proprio valore e erge come esempio ai tanti lavoratori senza voce e senza consapevolezza della loro dignità umana.

Il racconto del Mediterraneo continua ad essere protagonista nei film più recenti come *Fuocoammare*,[4] che vede l'isola di Lampedusa luogo di approdo di tanti disperati che hanno scelto la via del mare per un futuro migliore. Alle grida concitate di gente ammassata su barconi insicuri che chiedono aiuto, il regista che contrappone i suoni e le voci dell'isola che scandiscono invece la quotidianità di una giornata qualunque. Al dolore e alla paura di tanti bambini rinchiusi in barche fatiscenti sbattute dalle onde, fanno eco quelle di altri bambini del posto, che nascosti tra gli alberi, nelle grotte, in mezzo ai campi, vivono la semplicità della loro esistenza, si costruiscono giocattoli, rincorrono uccelli e giocano a prendere di mira fichi d'india, per poi coprirli di cerotti cercando di rimediare innocentemente alla distruzione inflitta loro. Due realtà diverse, gli isolani che vivono la semplice e monotona vita di ogni giorno e quella disperata di altri che fuggono la loro. Eppure queste due realtà risuonano di un racconto più antico, quello del mitico Enea che nel passato ha solcato queste stesse acque per fuggire alla distruzione della sua Troia. Oggi come allora tanti miseri Enea moderni si affidano al mare alla ricerca di un luogo dove poter continuare a vivere.

---

[3] Michael Rdford, *Il postino*. 1994 DVD.
[4] Gianfranco Rosi, *Fuocoammare*, 2016 DVD.

Ma il mondo del Mediterraneo è anche luogo di favole tramandate nei secoli come insegnamento di vita. Mi piacerebbe qui citare Calvino della raccolta di *Fiabe italiane*:

> ...io credo questo: le fiabe sono vere. Sono, prese tutte insieme, nella loro sempre ripetuta e sempre varia casistica di vicende umane, una spiegazione generale della vita, nata in tempi remoti e serbata nel lento rimuginio delle coscienze contadine fino a noi; sono il catalogo dei destini che possono darsi a un uomo e a una donna, soprattutto per la parte di vita che appunto è il farsi d'un destino: la giovinezza, dalla nascita che sovente porta con sé un auspicio o una condanna, al distacco dalla casa, alle prove per diventare adulto e poi maturo, per confermarsi come essere umano. E in questo sommario disegno tutto...[5]

È un insegnamento di vita raccontare il dolore delle madri che vedono i figli costretti a lasciare il luogo natio perché spinti dalla miseria. E le favole mediterranee ci raccontano di "donne" che di giorno escono a raccogliere il pesce per nutrirsi, ma di notte, dopo essersi ricoperte di un unguento magico, volano, si allontanano, viaggiano lontano alla ricerca dei figli emigrati e alleviare così il proprio dolore. I luoghi che si specchiano nel bacino del Mediterraneo pupullano di leggende che parlano di luoghi pieni di presenze strane, racconti per spiegarne colpi di vento improvvisi, gemiti di cespugli, ombre che si intravedono per poi sparire in un baleno. Ci sono posti mistici lungo le coste del Mediterraneo, come *La Baia degli spiriti* dove i lebbrosi una volta venivano abbandonati, e adesso i loro spiriti vagano la notte in cerca di ciò che è stato a loro negato. E non possiamo dimenticare le "Maiare" le donne che vanno in cerca dei loro figlioletti morti per fame o malattia, e nelle notti di vento entrano nelle case di neonati per portarseli via. Il protagonista assoluto di questo luogo di mistero è il mare che dà vita come può toglierla, sorgente di benessere e di distruzione. Leggende sono diventate le trombe d'aria che nascono dal mare e fermate per magia nella loro corsa verso le coste, enormi muri d'acqua messi a tacere con gesti e filastrocche conosciuti solo da pochi abitanti di queste coste magiche. E leggenda è ormai la tromba d'aria che, arrivata dal Mare Africano, come a Pirandello piaceva chiamarlo, si ferma sul secolare pino messo di guardia alle sue ceneri

---

[5] Italo Calvino, *Fiabe italiane*. Mondadori, Vol.1, 1993.

per scopigliarlo e portarsi via la chioma per poi sparire senza toccare niente altro.

La favola mediterranea per eccellenza è quella di *Cola Pesce* perché racchiude tutto il mondo mediterraneo: la passione dell'acqua, la gioia di scoprirne le bellezze nascoste nel suo fondale, la condivisione della vita delle sue creature. È questa passione per il mare che spinge il giovane Cola a farsi metà pesce "con le dita palmate come un'anatra e la gola da rana." Il giovane cede metà della propria umanità per poter entrare a far parte del mondo marino, un luogo che affascina e sublima: "raccontò che in fondo al mare aveva visto montagne, valli, caverne e pesci di tutte le specie…". Nella favola di Cola Pesce è raccontata tutta la storia dell'uomo del Sud, sottomissione, ubbidienza, coraggio e forza di vivere. A Cola viene chiesto dal re di scendere nel fondo del fondo per riportare su la descrizione dei suoi segreti, e nonostante il giovane sia cosciente del pericolo, obbedisce, ed è nella profondità di questo mare che Cola Pesce sparisce per sempre. La storia di Cola Pesce si fa leggenda universale del mondo mediterraneo e, viene raccontata in modi diversi in ogni luogo che si specchia nel bacino.

Il Mediterraneo è amore e morte, vedi le tante favole che narrano l'incontro di esseri marini con esseri umani e le storie di sirene si animano. Forse le più conosciute sono le sirene che abitavano le acque che separano Capri da Napoli e che videro il passaggio di Ulisse. Partenpe, la più giovane e più bella, se ne innamora, e non corrisposta si suicida proprio li nel golfo dando il suo nome alla città, Partenope. Si prolificano le leggende che riguardano la bella Partenope, come quella degli Argonauti che passano nel loro lungo viaggio accanto all'isola dove viveva la sirena, e qui Orfeo che faceva parte della spedizione, suona la cetra per lei. A Napoli la sirena Partenope era venerata come dea protettrice nel tempo dei Romani. Una delle più belle descrizioni di Partenope è offerta da Matilde Serao:

> Parthenope non è morta, Parthenope non ha tomba, Ella vive, splendida giovane e bella, da cinquemila anni; corre sui poggi, sulla spiaggia. È lei che rende la nostra città ebbra di luce e folle di colori, è lei che fa brillare le stelle nelle notti serene […] quando vediamo comparire un'ombra bianca allacciata ad un'altra ombra, è lei col suo amante, quando sentiamo nell'aria un suono di parole innamorate è la sua voce che le pronunzia, quando un rumore di baci indistinto, sommesso, ci fa trasalire, sono i baci suoi, quando un fruscio di abiti ci fa fremere è il suo peplo che striscia

sull'arena, è lei che fa contorcere di passione, languire ed impallidire d'amore la città. Parthenope, la vergine, la donna, non muore, non muore, non ha tomba, è immortale …è l'amore.[6]

Raccontare è raccontarsi. Ecco il punto, l'uomo per esistere, per sentirsi vivere, deve raccontare e raccontarsi, e il Mediterraneo è sempre stato questo luogo, posto perfetto di incontro e di scontro, luogo dove raccontare se stesso significa anche ascoltare il racconto dell'altro. Vorrei fare mia una frase di Maurizio Scaparro che calza molto bene questo mio saggio:

> Il problema, oggi, non è più soltanto quello di vivere, ma anche di comunicare. Come diceva Simbad, il marinaio:" Amico mio, rimani a casa con me, puoi dividere con me tutti i miei beni, rimani e lascia che io ti racconti le mie avventure, perché mi devi dire a cosa servirebbe avere vissuto tanto se poi nessuno mi ascolta?[7]

Ed è esattamente tutto ciò che il Mediterraneo rappresenta per le civiltà che vi si affacciano oggi come ieri, uso, riuso e mescolanza di queste voci che se ascoltate potrebbero aiutarci a capire le voci che provengono da altre culture, ma soprattutto capire che le altri voci sono semplicemente l'eco delle nostre, presenze fantasmatiche, varie anime che aleggiano in un gioco che si trasforma, si scontra, si mescola.

In questa stessa sede alcuni anni fa ho parlato del film di Scaparro, *L'ultimo Pulcinella*,[8] della maschera di Pulcinella, il simbolo più mediterraneo che esista, un Pulcinella che ritrova nelle banlieue etniche di Parigi, la forza, l'arte e la gioia di continuare il suo canto alla poesia e alla recita. La storia di Scaparro ci racconta come la voce napoletana di "Palumbella zompa e vola" ritrova il suo canto in altri dialetti, si rigenera in ritmi nuovi, ritrovando un nuovo se stesso in un unico accordo di tamburi e di strumenti di altri luoghi. Con comunicazione avvenuta, la voce di Pulcinella si è fa voce di tutti, del diseredato, dell'immigrante, del senza patria, dell'uomo offeso del Mediterraneo e non solo. Il messaggio di Pulcinella è chiaro, trovare nella forza dell'arte e della comunicazione il coraggio di continuare alla

---

[6] *Le leggende napoletane* di Matilde Serao in portale del Sud – Brigandino – a cura di Ciro La Rosa.
[7] Biennale Teatro Laboratorio Internazionale, a cura di Maurizio Scaparro.
[8] Maurizio Scaparro, *L'ultimo Pulcinella*. 2008 DVD.

ricerca di una vita che vale la pena vivere, e il Mediterraneo è il posto ideale perché le sue acque non separano, ci dice Pulcinella ma uniscono. Non separa dall'altro ma piuttosto rispecchia in esso.

A Maurizio Scaparro, grande appassionato del mondo Mediterraneo, si deve un altro magnifico lavoro, *Le Mille e una notte* messo sulla scena nel 2009. In esso palpita forte il desiderio di raccontare il Mediterraneo in tutta la usa molteplicità culturale, dargli voce, rivisitare le radici comuni di questo luogo. Questa volta alla voce di Pulcinella, Scaparro mette quella di Sherandaze che si affaccia sul fondo della scena e al suo richiamo "C'era una volta, tanto tempo fa..." rispondono le eco di tanti altri che, lentamente, entrano in scena rispondendo con la stessa frase le voci che ripetono, i "C'era una volta" si moltiplicano, si accavallano e, pronunciati nelle diverse lingue mediterranee – dal siciliano all'arabo, dal francese allo spagnolo – si scontrano e si fondono in un'unica voce. Diventa cosi impossibile distinguerne i suoni e le lingue, il risultato è un unico linguaggio comune.

Raccontare dunque, ecco cos'è il Mediterranero. Finché ci sarà l'uomo esisteranno le storie. E i bambini ci insegnano appunto questo quando si siedono volentieri intorno a quello che racconta, ed imparano e capiscono i bambini, perché è più facile capire e capirsi attraverso il racconto. E da qui sono nati i miti del Mediterraneo perché il mito non è niente altro che la memoria collettiva di appartenenza. Un passato lungo e favoloso e quello del Mediterraneo che vede in riflesso il viaggio del mitico Ulisse che dall'Ellespondo si avvia per far ritorno a Ithaca, ma la punizione degli dei lo vuole girovago per lunghi anni. E Ulisse tocca e approda sponde del Mediterraneo, impara e racconta, si ferma e riparte ma ogni volta e una nuova scoperta e una nuova avventura. Il buono e il cattivo, il bene e il male, l'umanità e la solidatierà ma anche la morte. Al contrario la storia di Enea che abbandona la sua Troia distrutta alla ricerca di un nuovo luogo, Ulisse cerca il ritorno, Enea la fuga. E il Mediterraneo si fa palcoscenico del meraviglioso *Ritorni* di Giovanna Taviani che ripete il millenario discorso del partire ma sempre con il sogno di ritornare, rivivere il luogo della nascita, il non dimenticare. Ma non è sempre possibile tornare, e la cinepresa della Taviani racconta di quelli che non possono partire e devono accontentarsi di una manciata di sabbia del loro deserto, il deserto "centro di pace" nel quale hanno imparato a rispecchiarsi, il deserto che sognano ogni notte, e la chiedono in dono ai loro amici più fortunati che possono ritornarci.

Lo scittore Valerio Manfredi ha scritto in *I greci d'Occidente*: "Noi fummo Greci. E forse lo siamo ancora". Ma certamente non solo Greci ma tanti altri sono i popoli che sono venuti a trovare un loro destino nel bacino del Mediterraneo. Pensiamo ai Fenici, ai Romani, agli Arabi per menzionarne solo alcuni. Ognuno di questi uomini hanno portato con sè i propri sogni che si sono fatti speranza per passare a favole e a mito. Allora vediamo montagne e mari che pupullano di Dei, boschi che vedono mostri e fate e il cielo che si anima di spiriti che vogliono continuare a vivere anche dopo la morte. Nascono le fiabe per raccontare la vita di ogni giorno, perché una fiabe può raccontare le cose in un modo da poter conservare il sogno che è in ognuno di noi. Calvino lo ha raccontato nei tre volumi di *Fiabe Italiane*, sogni e miti che riflettono la cultura del Mediterraneo.

MEMORIE DI CELLULOIDE PER I 70 ANNI DEL FILM DI PEPPE DE SANTIS

Antonio Carlo Vitti

Riso Amaro di Giuseppe De Santis va inserito nel biennio '47–'49, gli anni che vanno dall'ideazione al periodo della stesura della sceneggiatura fino ai mesi estivi che conclusero il montaggio e i primi riscontri critici dell'autunno del '49. L'idea di girare un film sulle mondine, balenò a DS nel settembre del '47 alla stazione di Milano davanti a una centinaia di donne dirette a casa dalle risaie. Lizzani conferma che il soggetto "fu scritto nell'ottobre del 1947. Durante l'inverno tra il '47 e il '48, il regista insieme a Carlo Lizzani e Gianni Puccini preparano il trattamento, e la sceneggiatura "fu ultimata nell'aprile del 1948" Ai tre sceneggiatori, la casa cinematografica, la Lux di Dino De Laurentiis, aggiunse come rappresentanti e collaboratori Ivo Perilli e Carlo Musso. De Santis chiese a Corrado Alvaro di "rivedere tutti i dialoghi e di scrivere i ritornelli delle mondine." Per gli autori del trattamento, la storia delle mondine doveva nascere come un racconto popolare, per cui il film fu immediatamente ritenuto, secondo Nardi, "un film rosso e dunque pericolosissimo." Difatti De Santis aveva consegnato la sceneggiatura alla LUX durante la campagna elettorale per le elezioni dell'aprile 1948 e la casa cinematografica soltanto "due mesi dopo le votazioni" decise di procedere con la realizzazione del film perché a detta di Lizzani, *Riso amaro* "era già un film troppo rosso, un film da non far più."

Benché De Santis si fosse proposto il problema sociale al centro della sceneggiatura, la realtà storica della sconfitta della sinistra del 18 aprile 1948 ebbe un peso determinante sulla sceneggiatura da incidere sul racconto. Oltre alla sconfitta del Fronte Popolare, De Santis stava girando il film nella pianura vercellese nell'estate del '48 proprio quando ci fu l'attentato a Palmiro Togliatti del 14 luglio, giorno in cui il regista decise di non filmare.

A fine ottobre del 1949 nelle pagine de *L'Unità*, Davide Lojola diede il via al primo dibattito nazionale sul film. La maggior parte dei critici italiani coinvolti dimostrò la propria impreparazione nell'affrontare un film esuberante come *Riso amaro*, che sarebbe presto diventato un successo commerciale mondiale. Le critiche si limitavano a commentare la credibilità della storia e l'improbabile fusione fra una storia d'amore melodrammatica e una tematica socialmente impegnata. La causa principale della perplessità dei critici era l'ostentata sensualità delle protagoniste, che motivava le loro azioni, e l'esplicito erotismo manifestato dall'allora sconosciuta diciottenne Silvana Mangano (Silvana Melega nel film). Tali distrazioni, lamentavano i critici socialmente impegnati, distoglievano l'attenzione del pubblico e oscuravano il messaggio politico dell'unione di classe e della solidarietà. Guido Aristarco scrisse che le gambe nude di Silvana non potevano istruire gli operai. Alcuni leader sindacalisti di sinistra difesero l'innocenza e la moralità delle mondine ribattendo che era loro abitudine e desiderio danzare al ritmo confortante dei tradizionali canti popolari piuttosto che al suono del fuorviante boogie-woogie americano, come mostrato nel film. Gli attacchi moralistici provenienti dalla sinistra furono seguiti a breve dai giudizi intransigenti dei censori del Vaticano, i quali, per preservare il pubblico dalle tentazioni della sensualità di Silvana, inclusero il film nella lista delle opere proibite. Fra le recensioni negative provenienti da destra, le osservazioni tendenziose di Ennio Flaiano rimangono la prova più rappresentativa della distanza tra il film di De Santis e la sensibilità di alcuni dei suoi colleghi.

Ancora oggi il dibattito critico su *Riso amaro* spesso ci si rifà al dilemma se il soggetto politico sulle condizioni socio-economiche delle mondine divenne un racconto letterario sviluppato in tal modo che "nelle sue diverse componenti, si profila una sorta di film-romanzo con personaggi vigorosi ed eloquenti" come aveva già scritto Nardi. Nel canone della critica cinematografica americana, *Riso amaro* è ricordato come il film che ha segnato l'inizio del ritorno del cinema italiano del dopoguerra allo star system, al colossal, all'impiego di attori professionisti e, più di ogni altra cosa, come il film che, con uno stile ibrido che si rifaceva palesemente a Hollywood, tradì il neorealismo italiano.

Tali accuse apparivano ancora più gravi se si considera il fatto che il film era opera di Giuseppe De Santis (in collaborazione con ex membri della rivista Cinema), il comunista più impegnato dal punto di vista politico e ideologico fra tutti i registi italiani del tempo.

Un critico americano descrisse il paradosso in questi termini: se da un lato *Riso amaro* rifiutava la relazione ottimistica tra Italia e America presente in *Paisà* di Rossellini e si spingeva ben oltre la critica dello stile di vita americano di *Senza pietà* di Lattuada, d'altro canto era, paradossalmente, il film neorealista che più di ogni altro era debitore al cinema americano e alla sua ricca tradizione di generi.

Il fatto che De Santis e i suoi principali collaboratori, Gianni Puccini e Carlo Lizzani, fossero marxisti e che una delle intenzioni del film nell'utilizzare le convenzioni cinematografiche di Hollywood era quella di minare e denunciare gli effetti deleteri dello stile di vita americano non può essere considerato paradossale. Prima della guerra la posizione del gruppo *Cinema* nei confronti della cultura americana rifletteva quella di intellettuali quali Cesare Pavese ed Elio Vittorini, i quali miravano a ricostruire l'immagine dell'Italia attraverso tale cultura. Per il regista l'America era un grande mito, un punto di riferimento come lo era il grande sistema democratico del New Deal, che desideravano assimilare e riadattare al sistema italiano.

Il gusto per tutto ciò che era americano era una sorta di ribellione intellettuale contro il provincialismo del regime. I film americani erano spesso un punto di riferimento per ricercare idee su come rendere il cinema nazionale più autentico. Per esempio, nell'articolo di De Santis del 1945 ampiamente trascurato dalla critica dal titolo "Cinema e narrativa", la pratica americana di utilizzare narrativa popolare ed eroi tradizionali nel genere western è citata come un modello stimolante per la promozione di un nuovo tipo di cinema nazionale, un cinema che, traendo spunto dalla narrativa popolare e dai racconti locali, riusciva a parlare la lingua delle masse e a suscitare emozioni.

Alla fine degli anni quaranta la situazione politica era cambiata. Il mondo era diviso in due blocchi politici controllati dai sovietici (i paesi del Patto di Varsavia) e dall'alleanza NATO. Questa polarizzazione determinò il clima che sfociò nel triste confronto della guerra fredda. A livello personale l'amore e l'ammirazione che De Santis provava per i film di John Ford, King Vidor, Howard Hawks, Charlie Chaplin e Frank Capra erano una parte indelebile della sua stessa visione del cinema ed avevano influenzato la sua concezione della cinematografia al punto che non poteva essere cancellata. *Riso amaro* ne è il frutto assieme alla nozione di regia legata al suo impegno politico e intellettuale nel realizzare film che potessero comunicare a tutti. La sua preoccupazione principale era quella di intrattenere e al contempo denunciare. I suoi film non sono mai testimoni passivi delle ingiustizie sociali.

Oltre la nuova situazione politica in quegli anni turbolenti l'Italia stava anche attraversando una trasformazione culturale. Alla fine degli anni quaranta i costumi stavano cambiando. Gli italiani nutrivano il grande desiderio di lasciarsi la guerra alle spalle, di godersi la vita e di adottare nuove abitudini e mode straniere in seguito alle restrizioni economiche autarchiche imposte dal regime.

La circolazione a livello nazionale dei primi fotoromanzi, Bolero Film, Grand Hôtel e Confidenze di Liala (Grand Hôtel uscì inizialmente nel 1946 come fumetto), tra gli strati di popolazione poco istruiti può essere considerato come uno dei molti segnali della transizione culturale che stava interessando la nazione.

Queste nuove forme di comunicazione di massa ebbero un impatto diretto anche sull'industria cinematografica, generando un periodo di transizione nella storia del cinema italiano. Commentando questo nuovo fenomeno, un critico italiano affermò che il punto di svolta del cinema italiano era da ricercarsi non tanto nei dieci o quindici film dei maestri del neorealismo, ma nei film popolari in dialetto o in quelli di Matarazzo, Brignone e Mario Costa.

A conferma di tale tesi si consideri che nel 1949 il film *Catene* di Raffaello Matarazzo fu il film più visto e incassò 735 milioni di lire. *La terra trema*, realizzato due anni prima, incassò 38 milioni di lire. I film di Matarazzo, quali *Catene*, *Tormento* e *I figli di nessuno*, reidentificarono tabù sociali e attrassero il gusto e l'immaginazione popolare raccontando alcuni cambiamenti sociali.

Grazie all'attenzione posta a temi quali l'amore, la morte, la violenza e le paure legate ai peccati ancestrali dell'aborto, della violenza sessuale, dell'adulterio e dell'incesto, questa nuova forma cinematografica diventò, già nei primi anni cinquanta, un genere codificato.

Al centro di questi drammi vi erano i legami di sangue, costantemente presentati con sfumature di fobia sessuale e un rigido moralismo cattolico combinati con un forte senso dell'onore, che di fatto resero la famiglia un'istituzione che reprimeva qualsiasi forma di individualismo, indipendenza e soddisfazione personale.

Generalmente in questi film le donne sono vittime di pregiudizi maschili e di un fittizio senso dell'onore. Spesso le donne sono anche vittime di alcune incomprensioni che sono funzionali al proseguimento della trama.

Antonio Vitti • "Memorie per i 70 anni del film di Peppe De Santis"

Tuttavia alla fine di questi film il disordine si risolve e l'onore viene ristabilito e salvaguardato.

Anziché utilizzare lo stile melodrammatico, come fa Raffaello Matarazzo nei suoi film di conformismo sociale, De Santis in *Riso amaro* svilisce i messaggi dei fotoromanzi e sfida le convenzioni sociali.

Quando venne girato *Riso amaro* il fotoromanzo era il più importante mezzo di comunicazione e lo strumento più diretto per raggiungere il pubblico femminile, nonostante tale genere venisse snobbato dagli intellettuali, i quali lo relegarono al regno della sottocultura. Parlando del mezzo, Damiano Damiani, uno dei suoi creatori, affermò che il loro obiettivo era quello di accrescere il numero di lettori e la loro acculturazione utilizzando storie riconoscibili e comprensibili in virtù della loro corrispondenza con i valori e i sentimenti allora diffusi. Damiani non concordava inoltre con l'opinione degli intellettuali secondo cui un prodotto che piace alle masse è necessariamente di scarso valore culturale.

I lettori dei fotoromanzi appartenevano per lo più ad una particolare classe sociale. Le donne di bassa estrazione sociale e della classe operaia fra i quindici e i venticinque anni erano i lettori più avidi di queste nuove pubblicazioni. La lettrice tipo non possedeva competenze professionali e con molta probabilità non aveva neppure terminato le scuole elementari.

In queste storie "riconoscibili e comprensibili" l'azione si concentra attorno ad un personaggio maschile che rinnova il mito del principe azzurro. La protagonista femminile spesso funge da modello di riferimento culturale di valori condivisi. Le sue più grandi aspirazioni sono quelle di sposarsi e di avere un famiglia. Al fine di accrescere il processo di identificazione tra il lettore e i protagonisti, non viene mai specificato un luogo preciso.

L'amore è il tema predominante che supera ogni ostacolo, tranne le divisioni di classe. Il conformismo è la chiave per risolvere qualsiasi problema esistenziale e psicologico. Qualora emergano realtà sociopolitiche, come il lavoro e i conflitti di classe, queste vengono sempre affrontate in maniera superficiale o minimizzate.

De Santis vedeva in questo nuovo mezzo la promozione dell'americanizzazione delle classi meno agiate. Il regista non condivideva i messaggi o i valori raffigurati, che per lui rappresentavano una minaccia alla vita semplice e genuina dell'Italia rurale, quella stessa cultura dei personaggi cinematografici di De Santis, che politicamente erano la maggioranza dei sostenitori del suo partito.

Le intenzioni di De Santis nella realizzazione di *Riso amaro* erano quelle di minare la dipendenza da alcuni ideali individualistici americani, considerati antisociali e deleteri per la solidarietà di classe. Il film dimostra come la dipendenza dai desideri indotti, esemplificata dalla pulsione di Silvana di possedere la collana e frequentare alberghi lussuosi, condurrà al tradimento e al furto. Il successo del film non è attribuibile alla sua schematizzazione moralistica e propagandistica del duro lavoro e della solidarietà di classe contro l'egoismo e il furto, ma risiede nella capacità di catturare l'atmosfera culturale del tempo. La sua modernità consiste nel tentativo di affrontare quello che potrebbe essere definito "l'inizio dell'imperialismo culturale", o in un'accezione marxista, l'opprimente potere della sovrastruttura.

Più di ogni altro film italiano del dopoguerra, *Riso amaro* mette in scena una società in transizione. In quest'opera De Santis proseguì ed ampliò la riflessione sull'influenza dei mezzi di comunicazione sulla cultura e sul loro potere di determinare i desideri e le aspirazioni del pubblico. Il film è un tentativo innovativo di raccontare i primi effetti dei desideri indotti sulla classe operaia.

Le proposte dei tre amici, che avevano lavorato anche al primo film di De Santis, erano svariate. L'idea era di realizzare un film che includesse tutti i concetti a lungo dibattuti, un film spettacolare, popolare, realistico, sociale e politico, che fosse in grado di parlare a chiunque e non solo agli spettatori di film d'arte. Il dilemma che dovettero affrontare riguardava il modo in cui conciliare il programma documentaristico, realistico, politico e sociale con l'aspetto dell'intrattenimento spettacolare e melodrammatico. Questi impulsi contrastanti sono evidenti nei titoli di testa del film che annunciano il racconto di due storie, una che parla del duro lavoro e l'altra che descrive il flusso di emozioni generato da migliaia di donne che mondano il riso per quaranta giorni. I due percorsi antitetici che il film si propone di seguire sono rappresentati dallo sfruttamento capitalistico delle mondine di giorno e dalle pulsioni sessuali che prendono il sopravvento la notte, ovvero il pubblico e il privato.

Come fa il film a mostrare ciò che i suoi autori hanno armonizzato con successo in una sceneggiatura rigida e ben strutturata? Possono le immagini seguire e riflettere queste due tensioni opposte al fine di dimostrare i teoremi ideologici che stanno alla base della storia?

Come Carlo Lizzani ha descritto nella sua meticolosa analisi sulla realizzazione di Riso amaro, gli sceneggiatori dovettero adattare la storia alla strategia già ben definita e sperimentata di De Santis per conciliare il personale con il sociale. Lo schema di De Santis consiste in un crescendo sintattico in cui individui, voci e segnali sonori vengono messi in relazione fino a prorompere, in un momento specifico, in una nuova immagine, che non è più la somma delle precedenti, ma un nuovo evento di dimensione corale.

Questa strategia visiva e strutturale permette al regista di conciliare le varie tensioni nel film, ma più di ogni altra cosa gli consente di connettere l'aspetto melodrammatico al comportamento di Silvana, che causerà la sua espulsione dal gruppo, e alla redenzione di Francesca grazie alla sua assimilazione al duro lavoro delle mondine.

Nel film la forma rappresenta ed opera brillantemente come una funzione del contenuto. Il richiamo perverso degli ideali e delle attrattive del fotoromanzo (americanizzazione) è in opposizione al duro lavoro e ai sani principi della classe operaia e questi due elementi sono altresì in contrasto in virtù della loro associazione ai protagonisti: Francesca (Doris Dowling) e Walter (Vittorio Gassman) da un lato e Silvana e il sergente Marco Galli (Raf Vallone) dall'altro. In questo modo la corruzione è in antitesi con i valori tradizionali e il furto è in opposizione al lavoro.

Vediamo degli esempi. Sono diversi giorni che piove. Le mondine più vecchie decidono di lavorare nonostante il maltempo. Francesca esita un istante, poi le segue. In uno splendido scenario degno della passione di De Santis per gli effetti spettacolari e plastici, le mondine escono dalla fattoria con dei sacchi sulle loro teste. Le donne sembrano delle vestali pronte per il rito che verrà compiuto a breve attorno al corpo desolato di Gabriella. Nel frattempo Silvana, bella come non mai, si addentra nel bosco adiacente alle risaie seguita da Walter. In mano tiene una bastoncino per stuzzicare Walter e tenerlo a distanza. Sotto la pioggia scrosciante Walter la sottomette con la violenza, facendola così passare dalla sua parte. L'identificazione con i personaggi femminili delle sue storie è ora completa. Silvana viene inquadrata nuovamente, da sola e disperata, incapace di soccorrere la sua amica Gabriella in preda al dolore. Nei campi vicini le mondine stanno lavorando per non perdere un altro giorno di paga quando Gabriella, in agonia, perde il bambino. Le altre mondine cercano di coprire le sue grida con dei canti. La sequenza è una forte rappresentazione del lutto, ritratto in maniera altamente simbolica e spirituale. La mondine con le teste coperte dai sacchi fanno cerchio attorno al corpo agonizzante di Gabriella per supportarla e per evitare di farle perdere il lavoro. La scena è la dimostrazione della solidarietà di classe e della partecipazione corale contadina al dolore. Quando il cerchio si apre per Gabriella non c'è più nulla da fare e si leva un lamento funebre.

La composizione della scena richiama un dipinto della Lamentazione. Una delle mondine più vecchie al centro dell'inquadratura assume una postura simile a quella della Vergine Maria: guarda in basso verso Gabriella e poi alza gli occhi al cielo ed unisce la mani quasi ad invocare aiuto e protezione dall'alto. Il suo movimento ritmico è ripreso dal resto delle mondine. De Santis sta mettendo in pratica le sue idee riguardo alla possibilità da parte dei registi di trarre ispirazione dal ricco patrimonio pittorico italiano.

Altro esempio Silvana si uccide gettandosi dalla piattaforma su cui era stata incoronata Miss Mondina. Anche il suo ultimo gesto è in accordo con il ruolo che ha assunto nell'entrare il mondo fantastico dei fotoromanzi. Ma Silvana è molto più di un semplice personaggio da fotoromanzo. Uccide Walter e poi se stessa non solo perché ha scoperto la futilità e la falsità delle sue fantasie, ma perché comprende di non poter mai più riconquistare la solidarietà delle mondine e di aver intrapreso il percorso sbagliato nel tentativo di fuggire da una vita di duro lavoro con l'acqua delle risaie fino alle ginocchia.

Il film si conclude con una reintegrazione simbolica di Silvana nel gruppo delle mondine, rappresentata dal loro gesto di gettare sul suo corpo esanime dei pugni di riso. Ogni chicco di riso è il simbolo di una vita mai sprecata.

De Santis utilizza ancora una volta la sua strategia stilistica preferita nell'uso di un'inquadratura dall'alto dell'intero gruppo. L'effetto è ottenuto attraverso una concatenazione sintattica di una serie di singole inquadrature che riprendono un numero sempre maggiore di persone. Ad un certo punto una nuova immagine, che non è la somma delle precedenti ma un nuovo evento di dimensione corale, conclude il movimento della cinepresa.

La cinepresa inquadra prima Silvana, poi, in un crescendo, si sposta per inglobare il resto del gruppo, per poi tornare infine al corpo senza vita circondato da un numero ancora maggiore di mondine. Il significato della nuova inquadratura è completamente differente: sigilla la vittoria dell'impulso sociale contro quello personale che ha condotto al tradimento e alla morte di Silvana.

Riso amaro è un film dalla trama serrata in cui la forma è esplicativa del contenuto. Come ha dimostrato quest'analisi, questo gioco tra il contenuto e la struttura porta a compimento il messaggio di De Santis. Il desiderio di Silvana di abbandonare la sua vita da operaia per raggiungere i falsi ideali della sua fantasia è in opposizione al desiderio di Francesca di redimere la sua tragica vita. Tali desideri contrastanti sono accompagnati da sfondi diversi. Francesca nel suo avvicinamento alla classe operaia è associata al duro lavoro e alla vita semplice. Silvana nella sua lotta per uscire dalla sua condizione si ritrova isolata o divorata dai falsi valori e da uno stile della vita.

Da critico cinematografico De Santis ha teorizzato la rinascita del cinema italiano attraverso due componenti: un paesaggio autentico, che riflette e si fa portavoce dei suoi abitanti, e dei personaggi che rivelano il proprio bagaglio culturale nel loro aspetto fisico e l'autenticità del paesaggio – cinema antropomorfico – Questa concezione spiega la predilezione del regista per i tipi nei suoi film. Attori ed attrici si fondono perfettamente con i propri personaggi, non per merito delle proprie abilità recitative di stile naturalistico, ma nella misura in cui rispecchiano la tipologia fisica richiesta dalla storia. De Santis vede nell'attore le possibilità che una certa tipologia facciale o fisica offre nel richiamare il suo passato e la sua classe sociale. Il regista non fu mai d'accordo con l'idea di Zavattini di utilizzare attori non professionisti per sembrare più realistico.

De Santis scelse Silvana Mangano per la sua bellezza e per la sua personalità. L'attrice doveva rappresentare una ragazza con la testa piena di fantasie ma anche un personaggio molto complicato alla ricerca di qualcosa di nuovo. Silvana è una delle figure femminili più complesse del cinema del dopoguerra: è generosa, solidale, ladra, traditrice, tradita, amica, confidente, rivale, complice, seduttrice, sedotta, colpevole, innocente, oggetto di desiderio, vittima sacrificale, eccetera, eccetera.

Silvana Melega doveva essere, al contempo, la capa delle mondine, un'ammiratrice dello stile di vita "elettrico" all'americana, e la potenziale moglie attenta di Marco nonché madre dei suoi figli, ma era, più di ogni altra cosa, un'instancabile individualista. Senza sapere ciò che l'aspettava, ha cercato di rifuggire il vecchio per abbracciare una cultura straniera che prometteva una vita migliore a ritmo di boogie-woogie. Nella confusione delle sue aspirazioni Silvana diventa la dimostrazione della forza persuasiva dei desideri indotti. De Santis richiese ai suoi attori che i loro corpi fossero uno strumento e una forma di comunicazione. Silvana, con le sue forme perfette e opulente e una personalità contrastata, è la personificazione visiva di una modernità che gli schemi della struttura del film non potevano sopprimere. Il film godette di una grande promozione commerciale ma nel diffonderlo si promosse per lo più il corpo di Silvana riducendolo a merce per il piacere dello spettatore maschile.

Antonio Vitti • "Memorie per i 70 anni del film di Peppe De Santis"

In una delle illustrazioni di Ciriello è messa in evidenza una componente importante del film, ovvero la fatica delle mondine e lo sfruttamento a cui sono sottoposte. Nel film è molto forte l'accento sulla fatica, sugli sforzi fisici cui sono sottoposte le donne nel lavoro nelle risaie. L'illustrazione è tra le più ricche di informazioni sul film: la rivalità femminile (una vera e propria lotta tra donne) e quella maschile, il paesaggio, i quattro personaggi dai volti tesi a segnare una dinamica relazionale complessa e ricca di sfaccettature. Il personaggio di Vittorio Gassmann è dipinto in una tonalità rosso scuro.

Oltre la Sicilia *letteraria*
I romanzi di Giuseppe Rizzo

Daniela Bombara

> Non ne posso più di Verga, di Pirandello, di Tomasi di Lampedusa, di Sciascia, di Guttuso. Non ne posso più di vinti; di uno, nessuno e centomila; di gattopardi; di uomini, mezz'uomini, ominicchi, pigliainculo e quaquaraquà. E sono stanco di *Godfather*, prima e seconda parte, di *Sedotta e abbandonata*, di *Divorzio all'italiana*, di marescialli sudati e baroni in lino bianco. Sono stufo di pale di fichidindia a colori accesi e quarti di manzo appesi alla Vucciria. Non ne posso più della Sicilia. Non quella reale, ché ancora mi piace percorrerla con la stessa frenesia che afferrava Vincenzo Consolo ad ogni suo ritorno. Non ne posso più della Sicilia immaginaria, costruita e ricostruita dai libri, dai film, dai quadri, dalla fotografia in bianco e nero.
> La memoria è tutto, dice chi ha più saggezza di me. É vero, la memoria è tutto. Ma non si può vivere di memoria. Solo di memoria. I grandi autori siciliani hanno decrittato l'isola, ne hanno fatto metafora, emblema, paradigma. Ma Verga è morto nel 1922, Pirandello nel 1936, Tomasi di Lampedusa nel 1957 e Sciascia nel 1989. Hanno lasciato pagine indispensabili per chi si avvicina alla Sicilia, per chi ci vive e perfino per chi se ne è andato. Di più: hanno lasciato pagine essenziali per tutte le donne e gli uomini che credono nelle parole scritte nei libri. Ma non è vero che la Sicilia è ancora quella di Verga, Pirandello, Tomasi di Lampedusa e Sciascia. Questo è un inganno. L'inganno di chi vuol far credere, leggendo a proprio uso *Il Gattopardo*, che tutto cambia perché tutto resti com'è. (Savattieri 8-9)[1]

Savattieri ci consegna l'immagine di un' "isola plurale" (Bufalino 7), la cui identità sfaccettata si è costruita a partire dalle molteplici interpretazioni letterarie che fra '800 e '900 hanno consolidato un sistema dell'immaginario siciliano, oggi non più corrispondente, a suo parere, alla realtà concreta del territorio e della società. Nella sua *vis* polemica l'autore sovrappone *topoi* culturali diffusi e difformi, che certamente hanno contribuito a formare un'idea di Sicilia fortemente stereotipata e inevitabilmente legata ai differenti contesti storici che ne sovrintendono la genesi: il pessimismo verghiano, con la raffigurazione del proletariato siciliano travolto dalla fiumana del progresso; lo smontaggio umoristico pirandelliano, la cui visione ribaltata del reale mostra

---

[1] Sulla stessa linea il lavoro di Matteo Di Gesù, *L'invenzione della Sicilia. Letteratura, mafia e modernità* (2016), che si propone, con un approccio più analitico alle opere letterarie, un analogo intento di rivedere l'identità culturale della Sicilia contemporanea.

le assurde antitesi di una terra ossimorica; la raffigurazione del soffocante, pervasivo e sprezzante potere mafioso nelle opere di Sciascia; l'immobilismo e il 'sonno' come condizione emblematica di un popolo refrattario al cambiamento, 'bloccato' nella percezione di una ormai trascorsa ed inarrivabile grandezza, nel *Gattopardo* di Tomasi di Lampedusa. La struttura di una Sicilia imprigionata all'interno di un paradigma assolutamente finzionale si completa, nel discorso del critico e giornalista, con il contributo delle arti: la sensualità trasmessa dai quadri a tinte forti di Guttuso, la mitizzazione del potere mafioso nella saga dei Corleone, il ribaltamento comico/ satirico delle tradizioni patriarcali isolane operato da Germi.

La questione è, a ben guardare, più complessa, poiché la sfasatura fra rappresentazioni letterarie, pittoriche o filmiche della società siciliana, e realtà concreta, non è solo temporale; le prime sono state trascritte, reinterpretate e inevitabilmente semplificate dalla società di massa, assumendo di fatto lo statuto di "icone nude", che non rimandano all'oggetto simboleggiato ma ad un'elaborazione compiuta nell'universo culturale che ospita tali forme dell'imma-ginario.[2] Non sono quindi i testi di Verga o Pirandello, ad essere 'inattuali' o poco funzionali per una lettura della Sicilia contemporanea, ma la riscrittura massmediologica che di tali opere è stata compiuta; ad essa si sono inevitabilmente aggregati luoghi comuni ideologici e sociali inerenti ad una concezione confusa e generica della 'meridionalità' come arretrata, 'diversa' e 'distante' rispetto ad una percezione altrettanto vaga dell'identità italiana ed europea.

In un gioco di rifrazioni l'isola reale si allontana, e le varie mediazioni culturali massificate e superficializzate attraverso cui ne facciamo esperienza ce ne trasmettono un'immagine falsata e permeabile al pregiudizio; era già successo ai primi del Novecento, quando il teatro verista, nelle interpretazioni di Giovanni Grasso e Mimì Aguglia, consegna al Continente una Sicilia grottesca e caricaturale di violenta e primordiale passionalità, come tale aspramente criti-

---

[2] Mutuo la definizione di *naked icons* da un saggio di Pugh e Weisl, "A Case Study of Dante. Naked Icons of Medievalism", per quanto esso esamini la funzione delle 'icone nude' in tutt'altro contesto: l'articolo analizza infatti il videogioco *Dante's Inferno,* nel quale la figura di Dante è usata come 'icona' moderna del Medioevo, cioè del concetto semplificato e stereotipato che la società contemporanea possiede dell'età medievale (Pugh, Weisl 27).

cata dagli stessi Verga e Pirandello. Quest'ultimo nota quanto lo stereotipo coincida con una visione 'coloniale' dell'isola da parte del più civilizzato – o presunto tale – Nord Europa.[3] La *fictio* narrativa e spettacolare, ora come allora, veicola una visione dell'isola come radicalmente 'altra'; ancora in tempi recentissimi il motivo di una Sicilia 'prismatica' viene declinato in negativo, per qualificare la realtà siciliana con lo stigma dell'eccezionalità, in *Palermo è una cipolla* di Roberto Alaimo:

> Non esiste al mondo una terra che offra in tempi ravvicinati un campionario più vasto di terremoti, eruzioni vulcaniche, mafia, disoccupazione, sbarchi clandestini, siccità e inondazioni (per quanto possa sembrare strano l'una cosa non esclude le altre, sull'Isola). (26-27)

L'accumulo, la ridondanza, la tensione fra opposti, sembrano costituire la cifra compositiva di molti discorsi sull'isola: si pensi allo stile composto, barocco, metalinguistico di Camilleri (Zocco 115-130), nei cui testi inoltre alcuni vulgati tratti isolani, tangenti la stereotipia dell'etnia 'inferiore', istintiva e meno civilizzata, quali la passionalità o l'interesse per il cibo, acquistano centralità diventando talvolta rituale ossessivo (Comune; Brullo);[4] o alla stessa configurazione della Sicilia "plurale" di Bufalino citata in apertura, mosaico di elementi contrastanti:

> Vi è la Sicilia verde del carrubo, quella bianca delle saline, quella gialla dello zolfo, quella bionda del miele, quella purpurea della lava. Vi è una Sicilia 'bab-

---

[3] Riguardo alla polemica, in cui s'inseriscono autorevolmente Lucio D'Ambra e Giuseppe Pitrè, si rimanda, per approfondimenti e opportuni riferimenti bibliografici, a Segnini (14-17).

[4] Bisogna puntualizzare che la Sicilia 'cartolinesca' di Camilleri contro cui polemizza Brullo emerge non tanto dalla lettura dei romanzi dell'autore quanto dalle trasposizioni televisive, che hanno a loro volta influenzato la ricezione del prodotto letterario. La riduzione a stereotipo del paesaggio e della società siciliana nella serie televisiva del commissario Montalbano è analizzata da Ceno: "i luoghi della trasposizione televisiva non sono i luoghi della mente di Andrea Camilleri, [ma luoghi 'altri'], specchio di quella Sicilia che lo scrittore immagina e simulacri di quella Sicilia che il turista vuole vedere" (330). Sul prodotto finale, rassicurante e a-problematico, poiché esclude dalla rappresentazione la sfera politica e il fenomeno mafioso, Ceno rimanda a Serkowska e conclude: "Con la serie TV iniziano, così, a coesistere 'più Sicilie': quella reale, quella di Montalbano e quelle percepite dagli osservatori" (330).

ba', cioè mite, fino a sembrare stupida; una Sicilia 'aperta', cioè furba, dedita alle più utilitarie pratiche della violenza e della frode. Vi è una Sicilia pigra, una frenetica; una che si estenua nell'angoscia della roba, una che recita la vita come un copione di carnevale; una, infine, che si sporge da un crinale di vento in un accesso di abbagliato delirio [...] Soffre, la Sicilia, di un eccesso d'identità, né so se sia un bene o sia un male. (Bufalino 7)

Secondo Domenica Perrone tale 'eccesso' è stato determinato soprattutto dall'opera degli scrittori (132), ma si tratta a suo parere di un'identità dinamica, in costante dialogo con l'alterità; è però innegabile che la *facies* siciliana si irrigidisca—e diamo così ragione a Savattieri—nella percezione del lettore o spettatore comune, per il quale verismo, pirandellismo, gattopardismo sono ormai diventate comode etichette, che incasellano una realtà invece magmatica o comunque sfumata, difficile da definire nettamente. L'eccesso d'iden-tità si converte allora in annullamento identitario; dietro le innumerevoli modalità e opportunità di fruizione di una Sicilia letteraturizzata e variamente interpretata da cinema, fotografia, televisione, *social network*, l'isola concreta scompare del tutto. Forse in alcuni casi, non vi è mai stata: il mondo siciliano per i grandi autori autoctoni del Novecento è stato raffigurato come metafora e paradigma dell'esistente, forma base attraverso la quale 'leggere' l'universo; versione estrema, e quindi immediatamente riconoscibile, di fenomeni sociali e drammi personali che non hanno determinazioni geografiche.

A raccontare la Sicilia in modo più autentico, talvolta in consapevole opposizione a modelli letterari ormai sfibrati dal sistema di comunicazione massmediologico e da una 'cattiva' ricezione dei testi letterari, ci prova Giuseppe Rizzo nei suoi romanzi: in primo luogo *L'invenzione di Palermo*, pubblicato nel 2010. Lo scrittore, nativo di Santa Elisabetta, in provincia di Agrigento, vanta già all'epoca una discreta esperienza di giornalista e, per sua stessa ammissione, trae la materia viva per le sue storie dai *reportage* condotti nei quartieri degradati di Palermo per il "Giornale di Sicilia".[5]

---

[5] Matteo Chiavarone, nel corso di un'intervista per *ilRecensore. Com*, rileva "il tono fiabesco, grottesco, persino giocoso", con cui lo scrittore parla della mafia, e chiede: "Da dove prendono vita i suoi personaggi?" [Rizzo] Da anni passati ad andare in giro per la città come cronista del 'Giornale Di Sicilia'. Finita l'università mi presento in redazione, parlo del mio corso di laurea,

Già la scelta della protagonista è atipica: Anna, quindici anni, stivaletti di vernice rossa e una costante tendenza ad un fantasioso turpiloquio, potrebbe essere un personaggio da romanzetto adolescenziale. Vive invece in una baraccopoli palermitana, dove la mafia uccide, anche per pura casualità, e risulta difficile soddisfare le minime esigenze della vita quotidiana; la ragazza reagisce alle tragedie familiari mantenendo un intenso e gioioso contatto con la realtà, e stringendo rapporti con altri *outsider*, che l'aiutano a sopravvivere, ad orientarsi nelle trappole dell'esistenza – create non solo dal dominio e dalla prepotenza mafiosa, ma anche dai media che speculano sulla povertà ed il degrado –, a trasmettere alla famiglia il coraggio di reagire.

La trama, inizialmente lineare, si sviluppa a raggiera partendo dal nucleo familiare originario ed estendendosi a situazioni e figure tragicomiche e grottesche di emarginati e sfruttatori, vittime e carnefici: Salvo Tirone vive con la famiglia sul fiume Oreto, a fondo Picone, dove raccoglie oggetti dai cassonetti per venderli a Ballarò; la madre viene uccisa per sbaglio da don Calogero, che

---

degli ottimi voti e della lode finale, cinque minuti dopo sono spedito allo Zen per vedere come mai autobus e macchine non riescono a passare per via Rocky Marciano. Arrivato lì, scopro che di Weber, Durkheim e compagnia bella non gliene fotte niente a nessuno, che tutto quello che non sapevo l'avevo imparato a scuola e che se non si riusciva a passare non era perché l'uomo non è capace di stare in organico rapporto spirituale con altri individui (copy Georg Simmel), ma perché l'intera carreggiata è occupata da una montagna di immondizia che arriva fino al primo piano dei casermoni costruiti da quel gran genio della patafisica dell'architetto Gregotti". Rizzo vive attualmente a Roma, ha scritto per l' "Unità", "Il Foglio", "Rivista Studio", "Nuovi Argomenti", "Mucchio selvaggio"; lavora per Rai educational, e collabora a "Il Sole24 ore", "la Repubblica – Palermo", "l'Internazionale". Nel brano citato lo scrittore sottolinea la componente fondamentale della sua produzione: la percezione, e la messa in rilievo, di una profonda distonia fra teoria e prassi, 'alta' cultura e degrado della società contemporanea. La miseria e lo squallore delle periferie cittadine, gli effetti della corruzione politica, come anche della violenza e del dominio mafioso, sulle fasce sociali più deboli e svantaggiate, sfuggiranno sempre all'elaborazione letteraria e all'analisi sociologica, che ne forniscono una rappresentazione parziale e mediata. Se la scrittura giornalistica di Rizzo, dalle prime prove ai prodotti più recenti, si sostanzia della tensione fra raffigurazione realistica di situazioni e luoghi marginali e ironica citazione da *auctoritates* di ambito letterario, storico, antropologico e sociologico, con conseguente effetto di straniamento e di implicita critica a modelli interpretativi ormai inadeguati (Cfr. "Diario di una notte passata con chi vive per strada a Roma", *L'Internazionale,* 23/01/2019), la sua narrativa si svolge in aperta e costante contrapposizione con i 'luoghi comuni' della tradizione culturale, smontati, sconfessati, ridicolizzati.

per risarcimento offre a Salvo una festa per la figlia Anna. Per vendicarsi Salvo dona agli invitati una pistola caricata a salve per sparare a chi si voglia, e finisce in prigione; la *mise en abyme* dell'assurda violenza della mafia non piace ai dominatori del quartiere, per cui Nino, fratello di Anna, è massacrato dagli sgherri di Calogero. La ragazza chiede aiuto ad un misterioso eremita da cui la manda il padre e ad uno psicologo affetto da depressione. Infine Salvo Tirone, impressionato dall'energia di Anna e supportato dagli alleati della ragazza, ha il coraggio di denunciare Calogero; padre e figlia riescono a salvarsi da un'ultima aggressione, il boss perde finalmente terreno e viene arrestato. Il sorriso finale di tutti i personaggi, riuniti intorno al letto di Anna che è stata ferita nello scontro, sancisce la vittoria: "Gli altri si voltano in tempo per vedermi aprire gli occhi. Sorrido. Sorridiamo tutti" (Rizzo, *L'invenzione* 203).[6]

Il romanzo dichiara fin dal titolo la volontà di porsi come soluzione inedita per raccontare la sporcizia, il degrado, lo squallore del Meridione. *L'invenzione di Palermo* indica infatti la città come 'scarto' della creazione del mondo, nella parabola che la madre defunta raccontava continuamente in famiglia:

> All'inizio era il nulla. C'era stata la creazione del mondo e tutto l'ambaradam dei sette giorni, ma il lunedì successivo Dio già si annoiava. [...] Alla ricerca di qualcosa che non lo annoiasse con la sua perfezione, inventò Palermo e ci rinchiuse i palermitani: ancora si diverte, anche se non si capacita di cosa gli sia andato così storto. (Rizzo, *L'invenzione* 42)

Palermo è luogo distopico, icona di un'imperfezione priva di tragedia o di grandezza perché frutto del capriccio dell'entità creatrice: il ribaltamento in chiave ironica non annulla la carica negativa del mondo fatto oggetto di narrazione—l'imperfezione è comunque atroce dolore, povertà insostenibile scaturita dalla morte della madre che "mandava avanti il circo" (Rizzo,

---

[6] Afferma al riguardo Rizzo, nell'intervista citata: "É un momento particolare del libro. Diciamo che tutti i personaggi sono raccolti attorno alla piccola protagonista e che nel momento più drammatico della storia si lasciano andare a una risata liberatoria. Non è il *volemose bene* di romana concezione, o il suggello della retorica dei poveri ma belli. Piuttosto, la presa di coscienza dell'ingovernabilità della vita e della leggerezza che ci vuole per giocarci" (Chiavarone)

L'invenzione 13)—, ma crea nel lettore, come anche nei personaggi, la distanza emotiva necessaria per comprendere, orientarsi ed agire nel caos di una realtà urbana priva di regole, giustizia, valori. Se l'universo in cui Anna si muove è frutto di un divino gioco crudele, la soluzione non è l'acquiescenza, o al contrario il rifiuto, la fuga da un mondo invivibile; la protagonista sceglie invece di 'giocare' a propria volta con la realtà, aggredendola verbalmente e tramite il concorso di tutti i sensi, per riuscire a dominarla.

Dopo la morte della madre Anna comincia ad odorare e leccare ogni cosa, e circoscrive il mondo che la circonda con parolacce, anzi aggregati di parolacce, vere e proprie neoformazioni che risemantizzano 'dal basso' la rappresentazione dello spazio urbano meridionale come luogo del negativo, della povertà, della violenza e dello sfruttamento mediatico, caricandolo di un'intensificazione espressiva determinata anche dallo scompaginamento delle relazioni logiche usuali.

> Porcaminchiabuttanazza mi uscì fuori quando papà arrivò a casa con la notizia che mamma non sarebbe più tornata. (7)
> Ma la vera fantaminchiata il giornalista l'aveva riservata per la conclusione del suo pezzo. (Rizzo, *L'invenzione* 133)

La parolaccia non ha una piatta e prevedibile funzione descrittiva, indicando il linguaggio di chi sta ai margini della società, ma esprime compiutamente la visione del mondo della protagonista, il doppio movimento di avvicinamento al reale—enfasi, attacco verbale—, e distanziamento critico da esso. Il padre è chiamato *l'incazzafigliodibagasciaprotestante*, per sottolinearne l'inanità; una *turbominchiazzata* è il tentativo dei cameramen di intervistare Anna per ricavarne una storia strappalacrime, dopo l'incendio di Fondo Picone che ha comportato la distruzione del quartiere, e il neologismo esprime efficacemente la consapevolezza della strumentalizzazione mediatica. Il turpiloquio della giovanissima protagonista è strumento di ribellione nei confronti del Potere di uno Stato che riduce l'esistenza dei baraccati a fenomeno sociologico, e dell'insidiosa volontà di dominio dei capi mafiosi; assume una funzione apotropaica, nominalizzando con forza il Male per allontanarlo da sè; si configura come 'cura' per accettare il dramma della perdita della figura materna; infine ricrea 'magicamente' il mondo, creando relazioni inedite fra gli elementi del reale, e lo offre con evidenza al lettore, traducendo in parole emozioni altrimenti inesprimibili.[7]

La parolaccia è anche un emblema della cultura giovanile, della volontà di creare modelli comunicativi sganciati dalla cultura dominante degli adulti; la Palermo 'trastullo divino' ed emblema di imperfezione di Rizzo, nata sotto il segno della distopia, sfugge alle trappole del realismo, degli schemi narrativi ormai troppo collaudati della 'denuncia' e del *reportage*, soprattutto perché si presenta al lettore attraverso il filtro di uno sguardo e di una fisicità infantili. Non per questo la rappresentazione risulta edulcorata o imprecisa, anzi è proprio l'insistita focalizzazione interna – Anna è una 'bambina' che conosce attraverso il tatto, il gusto, l'olfatto – ad immergere il lettore in un universo di parole violente, odori e sapori sgradevoli e opprimenti, che rendono compiutamente l'immagine di un contesto urbano claustrofobico, nel quale la protagonista si muove con solo apparente leggerezza ludica, in realtà attuando una sagace strategia per sconfiggere gli oppressori del suo piccolo mondo.

Il mondo degradato ed invivibile della periferia palermitana è percepito così in tutta la sua evidenza tramite una lettura sinestetica; anche il senso del pericolo, l'angoscia della catastrofe, e la percezione mortuaria che pervade ogni ambiente assumono una densa consistenza materica, potenziata in alcuni casi, lo si è detto, dal ricorso al turpiloquio. La *caccomunnizza*, ad esempio, è segnale 'magico' di una morte imminente: il presagio macabro non richiama, come nelle culture antiche, miti e misteriose figure dell'oltremondo, ma confina gli abitanti della Palermo più povera e degradata alla loro condizione di rifiuto, di scarto dell'umanità. L'approccio sinestetico costruisce una sorprendente geografia cittadina olfattiva, gustativa, talvolta anche tattile.

> Ogni via un odore. Via Filiciuzza: vestiti impolverati. Via del Vespro: sugo acido. Via Elia: asini vecchi. Via Bergamo: vino forte. Via Oreto: eternit bruciato. Via Decollati: caccomunnizza in abbondanza. (C'era odore di caccomunnizza senza che in giro ci fossero cacche o rifiuti: e questo

---

[7] Per quanto riguarda la funzione 'magica' e creativa del turpiloquio come anche l'aspetto di sfogo emozionale e di 'cura' si veda Tartamella. Sulla parolaccia come antagonista delle strutture e del 'discorso' del Potere, ed insieme mezzo per allontanare la negatività, cfr. Capuano, *Turpia. Sociologia del turpiloquio e della bestemmia* e *Elogio del turpiloquio*.

> poteva significare solo una cosa: qualcuno era morto o stava per morire).
> (Rizzo, *L'invenzione* 93)
>
> I cani si zittirono e l'aria sembrò squagliarsi. Liquida ci entrò nelle orecchie nei nasi nelle bocche, mentre tutto si torceva e precipitava nei nostri occhi. Il serpente si trasformò in un immenso fungo velenoso e fece piovere sui nostri musi una polvere sottile calda e nera. Tirai fuori la lingua: sapeva di terra bruciata. (94)

Il romanzo attua, attraverso la sua protagonista, una regressione alle prime fasi della vita, dove il conoscere tramite il corpo non evita l'orrido, lo sporco, lo sgradevole, anzi vi si immerge, per poter accettare la realtà in tutta la sua interezza, compresi gli aspetti negativi e repellenti.

L'attitudine 'gustativa' di Anna appare così opposta all'osses-sione gastronomica presente in scrittori siciliani affermati e ormai parte dell'immaginario collettivo e della cultura di massa; ad esempio Camilleri, per il quale il cibo ha un effetto sublimante e catartico, collegandosi all'inconscio di Montalbano, protagonista di molte sue opere, e ai complessi irrisolti dell'ispettore.[8] Anche il cibo da strada tanto decantato nelle immagini mediatiche, o letterarie, della Sicilia, è invece nel romanzo di Rizzo disgustoso e ingannevole. Le panelle che Anna mangia sono ottime, dice il personaggio, anche perché "Toni [il gestore] non ha mai sputato nell'olio come fanno tutti quei laidi che assicurano che il vero trucco delle panelle è sputarci mentre friggono" (Rizzo, *L'invenzione* 88).

La stessa città, nella sua concretezza di edifici, quartieri, folla, mezzi di trasporto, annusata, tastata, più che 'vista', appare nella sua autentica ma occulta essenza: un corpo decrepito, che dalle sue aperture vomita frammenti triturati di umanità infelice.

> Se ci si affaccia dal finestrino e si tira fuori la lingua si farà raccolta di vernice ossidata e gelato all'amarena. Dentro la stazione come nella bocca di un vecchio, c'è roba di tutti i tipi, mangiucchiata e mai digerita per bene: ci sono le lagne della gente che minaccia di salire sul primo treno perché stufa, le coppole con sotto qualche bicentenario schifo, le sottane di qual-

---

[8] Il cibo opera sul palato di Montalbano una "vera ispirazione divina […] e agisce come "una sorta di miracolo […]. Con un corto circuito un po' blasfemo, Camilleri stabilisce un nesso culturale e spirituale tra cibo, bene dell'uomo e della terra, e sublimazione estatica, celestiale, che se ne può ricavare" (De Paulis-Dalembert 135).

che belladinotte, i fischietti di due- tre vigili che sentono addosso la pena di essere gli unici lì dentro a lavorare e i mozziconi di sigarette a cui si appendono i picciotti schiffarati. In fondo a questa poltiglia si intravede l'ugola verde di Palermo. È il monumento a Vittorio Emanuele II al centro di piazza Giulio Cesare. Verde malconcio, per via delle cacate di piccione e del veleno che si respira in questo chilometro quadrato di città. Il vecchio Re stende lo sguardo su via Roma, l'esofago ulcerato della città. Una distesa di casermoni che soffocano il cielo, Ballarò a sinistra e la Vucciria a destra, sfasati come due reni strabici, e in fondo tutto il resto, la pancia, con dentro i Giardini, il culo, e quel che del culo è parente, ovvero Mondello. Non ho mai capito cosa ci stia a fare in mezzo a tutto questo Montepellegrino. Sembra un animale che si è addormentato ai piedi di Palermo. Stanco. E indifferente alla città. (Rizzo, *L'invenzione* 79- 80)[9]

Il paesaggio-corpo richiama la nota immagine della piana di Lentini ad apertura de *La roba* di Verga: affine la raffigurazione di un ambiente soffocante e imprigionante, dominato non dalla religione del possesso, ma dall'ossessione della sopravvivenza e dalla coscienza del degrado di ambienti e persone.[10]

---

[9] Ancora più espressivo risulta l'uso incrociato dei due dispositivi linguistici sino ad ora evidenziati, l'intensificazione semantica data dal turpiloquio ed il ricorso ai sensi in funzione descrittiva, per evidenziare un mondo privo di evoluzione, bloccato in un tempo ciclico, ricorsivo: "Nelle baracche, la distinzione non era tanto in mesi, ma in stagioni. Le diverse parti dell'anno erano scandite da poche precise battute. Primavera: minchia puzza. Estate: minchia afa. Autunno: minchia fango. Inverno: minchia facce bianche" (Rizzo, *L'invenzione* 101).

[10] L'unico sapore positivo è il latte dell'eremita, a Montepellegrino, un *Polifermitano* con un occhio solo che misteriosamente convince il padre, a distanza, a denunciare don Calò; il *Polifemo* palermitano 'dalle molte parole' è uno dei personaggi fantastici presenti all'interno della vicenda, e come altri affini – un oscuro nano, forse immagine rimpicciolita dei mafiosi, una famiglia di zingari con un padre 'orco' ed un figlio 'lucertola', che danno ad Anna un biglietto per il Paradiso – è una figura di minimo spessore, improbabile e poco congruente con una rappresentazione che, sia pure filtrata dallo sguardo e dai sensi infantili della protagonista, mantiene forti elementi di realismo. Il bianco del latte del Polifermitano è certo simbolico; Anna raccoglie in una bottiglia il candido fumo latteo che esce dalla capanna dell'eremita e, quando il quartiere viene bruciato, il contenitore scivola, si apre: "dopo pochi secondi esplose e ne uscì fuori quel meraviglioso miele bianco che avevo raccolto sulla montagna" (Rizzo, *L'invenzione* 95). Il nero indica quindi la povertà, il degrado, il potere mafioso; bianco è pu-

La strategia 'immersiva' di Anna non è comunque la sola presente nel testo; prima di lei, il padre prova ad opporsi al suo destino di perdente elaborando durante la festa per la figlia una beffa che ribalta il reale e ne svela al tempo stesso il senso nascosto: dare una pistola a tutti per uccidere metaforicamente chi si desidera mette a nudo il sistema di dominio della mafia, che si innesta sul desiderio di violenza di ognuno, lo accoglie e lo amplifica; distribuire per il mercato di Ballarò immaginette di Calò con sottoscritto San Cornuto (una seconda beffa), stigmatizza il potere mafioso come forma di religione deviata e negativa, alla quale non si deve rispetto. Lo sberleffo e l'irrisione, come le parolacce di Anna, consentono ai personaggi di non aderire completamente ad un mondo che rischia di sommergerli col suo tanfo di decomposizione, detriti, resti di oggetti e persone deformati e distrutti. Significativo infine il protagonismo femminile, non di una 'donna'— sensuale, immorale, perduta, come in certa tradizione letteraria siciliana— ma di un'adolescente, un'Alice che sembra ricreare il mondo che assaggia ed esplora.

Se le recensioni al romanzo focalizzano soprattutto i riferimenti cinematografici,[11] la Palermo puzzolente e grottesca di Rizzo, creata da Dio come antidoto alla perfezione, ricreata letterariamente con una scrittura che coniuga ironia, talvolta surreale, e concretezza, mostra qualche affinità con il teatro 'di poesia' di Franco Scaldati –*Il pozzo dei pazzi* (1990), ad esempio, per l'uso creativo del turpiloquio e la comicità scaturita da una dimensione tragica–; con la rappresentazione visionaria dei poteri 'paralleli' allo Stato in *Malacarne* (1998) di Giosuè Calaciura, confessione del mafioso al suo giudice – "Ci ammazzavamo con una allegria di lavoro ben fatto" (42); con *Palermo è una cipolla* (2005), saggio di Roberto Alajmo, nel quale la coscienza

---

rezza, e si integra visivamente al rosso degli stivaletti, come segno di volontà d'azione e desiderio di riscatto.

[11] "[O]perina curiosa, a metà strada tra [...] i *Brutti sporchi e cattivi* di 'scoliana' memoria e il *Tano da morire* della Roberta Torre: una sorta di cabaret di strada, dove i protagonisti - una famiglia mezza (anzi, tutta) disperata che abita nei dintorni del quartiere Ballarò - si ritrovano a fare i conti con la malvivenza e con gli omicidi" (Ronci); "Un'assenza di sentimenti e di felicità che mi ha ricordato il 'Brutti sporchi e cattivi' diretto da Ettore Scola nel 1976: altra regione, altra periferia, stesso degrado" (Cosentino).

dell'emarginazione si trasforma, paradossalmente, in arma di riscatto;[12] con la narrativa di Giorgio Vasta per il forte realismo, la violenza e la sostanza 'materica' del linguaggio, che si avvale frequentemente di un approccio sinestetico al reale, a cui si accompagna una dimensione fantastica e allegorica (Inglese), nonostante manchi nel romanzo di Rizzo la volontà di scandaglio quasi 'scientifico' di un mondo in disfacimento apprezzabile in Vasta.

D'altra parte è questa la cifra stilistica de *L'invenzione di Palermo*, che approccia la degradazione e lo squallore con tocco leggero, scanzonato e a tratti divertente, ma senza superficialità: fra realismo e mediazione letteraria l'autore sceglie una terza via, una raffigurazione che parta dal corpo della protagonista per 'giocare', talvolta surrealmente, con i dati sensoriali, e in tal modo scompaginare le categorie logiche della percezione usuale. Solo così è possibile ripristinare l'unità perduta della famiglia e fronteggiare la prepotenza mafiosa; forse il testo racconta solamente un sogno infantile, ma in ogni caso formula un'ipotesi di azione, contro la 'stasi' dell'uni-verso isolano a cui ci hanno abituato l'interpretazione falsata di parte della tradizione letteraria siciliana e gli stereotipi cinematografici.

Il secondo romanzo di Rizzo, *Piccola guerra lampo per radere al suolo la Sicilia* (2013), esordisce con un enunciato auto-contrad-dittorio, che oltretutto nega l'oggetto stesso della narrazione di cui costituisce l'incipit: "La Sicilia non esiste. Io lo so, perché ci sono nato" (6). In effetti i protagonisti della storia, Andrea detto Osso, che è anche il narratore interno, Marco detto Gaga, e Martina detta Pupetta, originari di un immaginario paese dell'entroterra siciliano, Lortica, l'isola l'hanno effettivamente cancellata dalla loro esperienza personale, andando a vivere rispettivamente a Roma, a Praga, e Pupetta in giro per l'Europa. I tre decidono però di tornare per attuare una beffa al sindaco, colpevole di avere ignorato un delitto di mafia: i fratelli Bonanno, umili fiorai, erano stati uccisi dal boss del paese, Di Mauro, e l'unico sopravvissuto

---

[12] "Per quanto cinico possa sembrare, buona parte del fascino della Kalsa – e della Città, in generale – sembra consistere nella sua disperazione. La sua migliore risorsa è il disastro [...]. Per molti versi la Kalsa è una metafora della città nel suo complesso. Qui si riconoscono tutte le sue contraddizioni. È una zona ad altissima densità mafiosa. Eppure in questo quartiere sono nati Falcone e Borsellino, che da piccoli hanno giocato a pallone nell'immenso campo costituito da piazza Magione" (Alajmo 57).

era rimasto inascoltato. La bravata iniziale – gettare un mucchio di letame davanti alla porta della casa del primo cittadino –innesca una guerra che i ragazzi affrontano inizialmente con energia, poi con sempre maggiore angoscia, poiché tutto il paese si rivela nemico: il sindaco è connivente con la mafia, si è fatto corrompere per concedere ai Di Mauro l'appalto per costruire un nuovo impianto eolico; la polizia, complice, minaccia pesantemente il terzetto. I protagonisti, che si autodefiniscono "nuovo fronte di liberazione nazionale dalle minchiate" (103) contro i 'pidocchi', cioè i mafiosi del paese, combattono quasi per istinto, trascinati dalle stesse conseguenze delle proprie azioni, in un impeto di ribellione giovanile che riecheggia ironicamente le imprese mirabolanti degli eroi di carta appartenenti alla loro cultura:

> [Gaga] Pensi di avermi fatto venire qui per mettere su l'ennesima squadra di supereroi e salvare quest'isola di merda, forse? Scordatelo. C'hanno già provato, e hanno fallito, e io non c'ho lo spirito da crocerossina. Quello che la gente ama più dell'eroe è vederlo cadere. [...]
> Cosa cazzo fai, citi Spiderman?, dico io. [...] (Rizzo, *Piccola guerra* 33)
> [Gaga] fregato, alza le spalle. Il punto è che tutti sembrano ossessionati, snorfo, bisogna salvare la Sicilia, bisogna lottare, bisogna riscattarla. Ma che minchia è questa, la terra degli assistenti sociali?, dice. Tutti a preoccuparsi della salvezza altrui, tutti con l'idea esatta per farlo, nessuno che si preoccupi di salvare se stesso (34)
> Di là la parte di me che disprezza gli eroi e la retorica dei liberatori della patria—e in preda ai tremori vorrebbe mollare tutto; di qua quella che si aggrappa alla rabbia e al funambolismo delle minchiate fatte senza coscienza e grazia di dio: cannoneggiamo la prudenza, radiamo al suolo i pidocchi. (Rizzo, *Piccola guerra* 201)

Contro ogni previsione, la lotta sgangherata dei ragazzi, non esente da momenti di crudo realismo, centra il suo obiettivo: i tre riescono a catturare il rampollo dei Di Mauro, e lo appendono alla pala dell'impianto eolico, che sarà scoperta dal sindaco all'atto dell'inaugurazione, rivelando a tutto il paese l'accordo disonesto, ma soprattutto ridicolizzando l'immagine del potere mafioso.

Il secondo romanzo di Rizzo si impernia, molto più del precedente, sul meccanismo della beffa, che diventa unico strumento per incidere sul reale, poiché essa dà luogo ad un rovesciamento 'carnevalesco' di relazioni, ruoli, e personaggi: i tre ragazzi, disoccupati o precari, ai margini del sistema, si trasformano in eroi, in grado di sconfiggere la disonestà, la malavita, la corruzione, attraverso un 'abbassamento comico' che priva la mafia di quell'aura sacrale parte integrante del suo successo. È noto come il linguaggio, oltre che l'azione concreta, sia un elemento fondamentale del ribaltamento bachtiniano; funziona in questo senso la metafora entomologica, che mette in campo una serie di significati atti a smontare il 'sistema' della mafia. L'affiliato-pidocchio è un parassita della società, che vive nei luoghi più sporchi, sgradevoli e disgustosi; dotato di un'identità plurima, diffusa ed innervata in tanti piccoli esseri che infestano il tessuto sociale, è privo di grandezza, di dignità, di individualità epicizzata. Siamo agli antipodi del mito della mafia,[13] come dichiara espressamente il narratore in un dialogo centrale nell'economia del romanzo:

> Allora, io la vedo così. Tutta la sociologia sui pidocchi, le cause sulla loro affiliazione, sul continuo rigenerarsi dell'associazione ogni volta che è messa all'angolo, hai presente le articolesse e le analisi dei professoroni, no?
> La leggo anch'io Repubblica, dice Mario.
> Bene. Reggono, per carità, sulla carta hanno un gran successo, e molte volte spiegano lo spiegabile. Però poi a un certo punto franano. Sono costruzioni un po' fragili, diciamo così. [...] Il punto è questo: che cazzo di motivo ha un ragazzo che cresce in una famiglia di persone per bene, senza problemi di soldi, senza particolari rancori, né disastri affettivi [...] per farsi girare il sangue e spartirsi il sonno coi pidocchi? [...]
> Per soldi, dice Mario.
> Sicuro, per soldi. Ma secondo me non solo. Cioè, ormai gli arresti sono veramente tanti, e gli sbirri sanno il fatto loro [...]. Secondo me il problema è a monte. [...] Secondo me, ogni volta che si scrive un articolo si racconta la storia di uno di loro, secondo me bisognerebbe fare questa premessa: il pidocchio tal dei tali ha vissuto di merda, ha ingoiato la merda degli altri pidocchi e degli sbirri ogni giorno che il cielo l'ha mandato in terra, ha dormito in posti di merda per scappare alla merda del carcere duro, è finito in cella a spalare merda, ha finito per puzzare di merda e, ah, sì, una volta l'hanno visto guidare una macchina di lusso. (Rizzo, *Piccola guerra* 89-90)

---

[13] Sulla spettacolarizzazione ed esaltazione del boss mafioso, figura sempre più affascinante e seduttiva nella cinematografia, nelle serie televisive, nei videogiochi, ma anche in certa stampa, si veda il fondamentale *La mafia allo specchio. La trasformazione mediatica del mafioso* (2013), a cura di Marina D'Amato.

Il mafioso non è un dominatore, ma un insetto da schiacciare, non si eleva al di sopra della società e delle sue regole, ma conduce la sua squallida esistenza nel sottosuolo; non superiore né inferiore bensì infimo, si colloca nel gradino più basso di un'ipotetica scala dei valori, non è un modello da seguire ma da evitare. La beffa, e l'etichettamento linguistico in funzione degradante e svalutatoria, hanno nel romanzo un valore ermeneutico, rivelando un aspetto poco evidenziato del fenomeno mafioso—la meschinità, l'essenza disgustosa, il parassitismo—, al di là di camuffamenti mediatici e strategie del terrore. Rizzo è ben consapevole del fatto che le cose non sono così semplici, e lo fa dire ai suoi personaggi; ma il romanzo astrae dalle numerose cause storiche, economiche, antropologiche di una situazione che, nella finzione narrativa, richiede semplicemente una possibilità di intervento.

E questa è appunto data dalla beffa, che ritaglia uno spazio di azione per i personaggi, per quanto esso sia cronologicamente limitato: il ribaltamento carnevalesco conferma infatti lo *status quo* e ripristina le gerarchie, che il momento 'festivo' dell'inganno sovvertitore ha solo temporaneamente messo in discussione (Bachtin). La beffa apre in ogni caso una breccia, mostra le fratture che innervano il reale, e l'"abbassamento grottesco' del mafioso da dominatore a 'pidocchio'—secondo un movimento alto/basso che rispecchia perfettamente lo schema bachtiniano—ne mina il potere, ne disgrega dall'interno l'immagine di disonesto trionfatore; è un punto di partenza, non di arrivo, ma da esso comunque scaturisce un movimento, significativo rispetto alla condizione di stasi a cui il siciliano sembra essere inchiodato dal pensiero comune, supportato da una superficiale interpretazione della tradizione letteraria.[14]

---

[14] "Ed è qui che tutti gli stereotipi rivelano la loro inconsistenza, e l'immagine della Sicilia come terra irredimibile eppure romantica, mostra la sua fallacia. Ai cannoli, agli arancini, ai Montalbano e al mito della mafia i personaggi del libro contrappongono storie vere, quelle vissute sulla loro pelle di ragazzini cresciuti in un paese difficile, dove pestare i piedi a certi gaglioffi poteva costarti caro, dove ogni giorno incrociare per sbaglio lo sguardo di un pidocchio provocava tremori e mal di pancia da star male. Perché la mafia non è *Il Padrino*, i mafiosi non sono i protagonisti di un film resi più attraenti dal fascino oscuro del male, ma come i pidocchi 'infestano il capo e il corpo della Sicilia' quando non vivono in latitanza, nascosti come sorci, la famiglia decimata dalle guerre tra clan. La retorica, anche quella che celebra gli eroi della lotta antimafia, non fa più presa su questa generazione disincantata che ha

Il romanzo di Rizzo è costruito in costante opposizione al paradigma vittimario, e alla cultura che lo ha creato:

> Questa cosa che dice il filosofo autore di canzonette di Battiato, Manlio Sgalambro, questa cosa che proprio Battiato ha musicato nell'opera su Federico II, Il Cavaliere dell'intelletto, e che dice più o meno che là dove domina l'elemento insulare è impossibile salvarsi, che per ogni isola vale la metafora della nave, e che quindi è destinata al naufragio, questa cosa qua [...] a me mi sembra una mezza minchiata. (Rizzo, *Piccola guerra* 245)[15]

Una cultura che ha diffuso l'idea del 'privilegio' siciliano in ambito letterario e artistico, da scontarsi però con l'immobilismo sociale, come afferma un simbolico "amico del continente", non altrimenti definito, che incarna il pregiudizio 'coloniale':

> A un certo punto sono costretto a dire Agrigento. E allora, immancabilmente, negli occhi dell'amico del continente scatta la scintilla [...]. Ahhh, dice, come no, i templi, la parola fatale, i templi, ma stai scherzando, che meraviglia. Ci sono stato. E allora me li spiega, mi recita a memoria le storie che ha letto nel prestampato del Comune [...].
> Ecco, i templi sono la metafora perfetta di quello che succede in Sicilia, mi dice l'amico del continente, replicando con me il dialogo che Tomasi di Lampedusa mise in bocca a Chevalley e a don Fabrizio nel suo Gattopardo. Avete un tesoro e ci costruite sopra case abusive, mi ammonisce il moderno Chevalley. Il principe di Salina gli avrebbe risposto che gli amici del continente come lui vengono per insegnarci le buone maniere, ma non lo potranno fare, perché noi siamo dei. [...] Ecco, a questo amico del continente, questo mio personale Chevalley, non posso più rispondere come il principe di Salina, non posso più dirgli Ehi, è colpa del clima, questo clima, come scrisse Giuseppe Tomasi, che ci infligge sei mesi di febbre a quaranta gradi. Sono passati più di cinquant'anni da quelle idee più vicine alla meteorologia che alla storia [...]; se dovessi parlare di una

---

abbandonato gli ideali. Resta il presente, da interpretare con i nervi e la pancia, più che con la testa, incrociando le dita, ribellandosi all'ultimo stereotipo, quello della paura" (De Caro).

[15] La citazione esatta è la seguente: "Là dove domina l'elemento insulare è impossibile salvarsi. Ogni isola attende impaziente di inabissarsi. Una teoria dell'isola è segnata da questa certezza" (Sgalambro, *Teoria della Sicilia*). Il testo costituisce il prologo all'opera lirica *Il Cavaliere dell'intelletto* di Franco Battiato, rappresentata nella Cattedrale di Palermo il 20 settembre 1994.

violenza, non sarebbe quella del paesaggio dipinta nel Gattopardo, ma quella delle ruspe [...]. (Rizzo, *Piccola guerra* 157- 159).

Quando il narratore afferma "Il napalm ci vorrebbe. Roba da incenerire l'intera Sicilia e ricominciare da capo" (38), l'idolo polemico non è la Sicilia effettiva ma il suo doppio letterario, passato attraverso il filtro di una rielaborazione mediatica, attraverso la quale si legittima l'inerzia dei siciliani, e dunque il mantenimento del sopruso, dell'illegalità, del dominio mafioso. Il libro si chiude, ad anello, con l'aforisma posto nelle prime pagine: la Sicilia mitizzata, letteraturizzata, mediatica, non è una realtà.

Ad essa Rizzo ha contrapposto, nel suo primo romanzo, l'inven-zione di una povertà e miseria da 'leccare' e 'odorare", per conoscerla e affrontarla coraggiosamente; nella *Piccola guerra lampo* troviamo invece l'antitesi comica giovani/vecchi come strumento di una trasformazione possibile. A conclusione della beffa il narratore rilegge le parole di Sgalambro poste sul cruscotto dell'auto di Mario:

> Poiché ogni isolano non avrebbe voluto nascere, egli vive come chi non vorrebbe vivere. Solo nel momento felice dell'arte quest'isola è vera. Guardo i miei compagni di sventura, negli occhi ancora il pidocchio legato all'elica della pala eolica. Ma quando mai, sorrido. (Rizzo, *Piccola guerra* 248)

Il romanzo racconta una storia che si pone espressamente come non-arte, perché autentica esperienza di vita contro la finzione letteraria: in realtà anche la beffa dei tre protagonisti non sfugge al sistema culturale, in quanto attinge a modelli ben precisi e riconoscibili, quali la commedia antica e rinascimentale, nel suo tentativo di opporsi al Potere, o almeno di ridurne la portata e l'incidenza cre-ando un momento 'festivo' di sospensione del reale e sovvertimento dell'ordine usuale del mondo. La differenza è però sostanziale: l'opera di Rizzo mostra una significativa volontà di cambiamento, mentre la Sicilia dei 'noti' scrittori, non solo temporalmente lontana ma soprattutto travisata dalla cultura di massa, induce all'immo-bilità, alla chiusura, confina definitivamente l'isola al suo passato.

BIBLIOGRAFIA

Alaimo, Roberto. *Palermo è una cipolla*. Bari: Laterza, 2005.
Bachtin, Michail. *L'opera di Rabelais e la cultura popolare. Riso, carnevale e festa nella tradizione medievale e rinascimentale*. Trad. it. di Mili Romano. Torino: Einaudi, 1979.
Brullo, Davide. "La falsa Sicilia di Camilleri non si sopporta più. Per capirci qualcosa torniamo a Sciascia". *Linkiesta*, 9 febbraio 2018.
Bufalino, Gesualdo. "L'isola plurale". *Cento sicilie. Testimonianze per un ritratto*. A cura di Gesualdo Bufalino e Nunzio Zago. Firenze: La Nuova Italia, 1993.
Calaciura, Giosuè. *Malacarne*. Milano: Dalai, 1998.
Capuano, Romolo Giovanni. *Turpia. Sociologia del turpiloquio e della bestemmia*. Milano: Costa & Nolan, 2007.
Capuano, Romolo Giovanni. *Elogio del turpiloquio. Letteratura, politica e parolacce*. Roma: Stampa Alternativa, 2010.
Ceno, Giovanna. "Il (mancato) rapporto tra le rappresentazioni visuali e la pianificazione nel territorio ragusano". *Transizioni postmetropolitane: Declinazioni locali delle dinamiche posturbane in Sicilia*. A cura di Francesco Lo Piccolo, Marco Picone, Vincenzo Todaro. Milano: Franco Angeli, 2018. 329- 342.
Chiavarone, Matteo. "Intervista a Giuseppe Rizzo su 'L'invenzione di Palermo'". *il Recensore.com*, 31 marzo 2010. http://www.ilrecensore.com/wp2/2010/03/intervista-a-giuseppe-rizzo-su-linvenzione-di-palermo/.
Comune, Antonino. "La sicilianità di Camilleri: un surplus di identità". *Linguæ &. Rivista di lingue e culture moderne*. 1 (2013): 27- 34.
Cosentino, Domenico "Recensione a *L'invenzione di Palermo*". *Il mangialibri*. http://www.mangialibri.com/libri/linvenzione-di-palermo.
D'Amato, Marina. A cura di. *La mafia allo specchio. La trasformazione mediatica del mafioso*. Milano: Angeli, 2013.
De Caro, Carla. "Recensione a *Piccola guerra lampo per radere al suolo la Sicilia*". *Il mangialibri* http://www.mangialibri.com/libri/piccola-guerra-lampo-radere-al-suolo-la-sicilia.
De Paulis-Dalembert, Maria Pia. "Sapore/ sapere nell'universo immaginario di Camilleri- Montalbano". *Chroniques italiennes web* 21. 3-4 (2011): 1- 19.
Di Gesù, Matteo. *L'invenzione della Sicilia. Letteratura, mafia, modernità*. Roma: Carocci, 2015.
Eckert, Elgin K. "Inspector Montalbano a tavola: Food in Andrea Camilleri's Police Fiction", *Representing Italy Through Food*. A cura di Peter Naccarato, Zachary Nowak, Elgin K. Eckert. Londra: Bloomsbury Publishing. 2017. 95-110.
Inglese, Mario. "La 'casa a cielo aperto': Metafore palermitane nella narrativa di Giorgio Vasta". *The Representation of the Mediterranean World by Insiders and Outsiders*. A cura di Antonio C. Vitti , Anthony Julian Tamburri. New York: Bordighera Press, 2018. 91-119.

Perrone, Domenica. "Topografie letterarie. Identità e alterità della Sicilia". *Toruńskie Studia Polsko-Włoskie/Studi polacco-italiani di Toruń* VI (2010): 131-150.
Rizzo, Giuseppe. *L'invenzione di Palermo*. Roma: G. Perrone, 2010.
Rizzo, Giuseppe. *Piccola guerra lampo per radere al suolo la Sicilia*. Milano: Feltrinelli, 2013.
Rizzo, Giuseppe. "Diario di una notte passata con chi vive per strada a Roma". *L'Internazionale*, 23/01/2019. https://www.internazionale.it/reportage/giuseppe-rizzo/2019/01/23/roma-senza-dimora-piano-freddo.
Ronci, Alfredo. "Recensione a *L'invenzione di Palermo*". *Il paradiso degli orchi. Rivista di letteratura contemporanea*. http://www. paradisodegliorchi.com/L-invenzione-di-Palermo.26+M5b0994fa307.0.html.
Savattieri, Gaetano. *Non c'è più la Sicilia di una volta*. Bari: Laterza, 2018.
Scaldati, Franco. "Il pozzo dei pazzi". *Il teatro del Sarto*. Milano: Ubulibri, 1990.
Segnini, Elisa. "'Continental Air': Performing Identity in 'Leonora, addio!', *L'aria del continente* and *Questa sera si recita a soggetto*." *PSA: Journal of the Pirandello Society of America*. 27 (2016): 13- 43.
Serkowska, Hanna. "Sedurre con il giallo. Il caso di Andrea Camilleri". *Images littéraires de la société contemporaine*. Actes de colloque "Guerre et violence dans la littérature contemporaine italienne", Univ. Stendhal-Grenoble 3, 21-22 nov. 2003 A cura di Alain Sarrabayrouse. Grenoble: Université Stendhal-Grenoble, 2006. 163–72.
Sgalambro, Manlio. *Teoria della Sicilia*. http://sgalambro.altervista.org/ 1994-teoria-della-sicilia/.
Tartamella, Vito. *Parolacce: perché le diciamo, che cosa significano, quali effetti hanno*. Milano: Rizzoli, 2006.
Vizmuller Zocco, Jana. "I gialli di Andrea Camilleri come occasione metalinguistica". *Italica*. 1 (2010): 115-130.

Ambienti reali ed immaginari del Mediterraneo greco e bizantino
alcune ἐκφράσεις letterarie

Maria Làudani

Kylix attica: Teti riceve da Efesto le armi per Achille
Pittore della Fonderia, Vulci, 490-480 a.C.

1—Introduzione

Uno dei prodotti più interessanti della cultura antica greco-romana è l'ἔκφρασις—la "descrizione di opere d'Arte"—una forma letteraria complementare a pittura, scultura, architettura e, nello stesso tempo, trasversale nei confronti dell'espressione verbale, in un inatteso gioco di rispecchiamenti tra i linguaggi: un "genere" quasi autonomo ed originale, che presuppone interferenze semiologiche.

Le prime modalità di comunicazione umana certamente si servirono del tramite di immagini, solo molto più tardi l'aspetto verbale nella comunicazione acquisì una struttura formale completa e complessa, che si rese adatta a trasmettere pensieri astratti e divenire Arte.

Nel mondo greco antico, è notorio, i Poemi omerici rappresentarono la prima forma letteraria con la grandiosità dell'epos, pur nell'oralità della trasmissione dei contenuti. Contemporaneamente, proprio all'interno dell'epopea omerica, nacque la descrizione di opere d'arte, in un travaso dall'immagine alla parola e dalla parola all'immagine.

Così sorge la curiosità di verificare quanto le parole siano riuscite a penetrare nel senso profondo della raffigurazione, quanto siano cariche di una portata immaginifica sino al punto di porre dinnanzi allo sguardo del lettore quasi la materia stessa, i colori, le movenze, il gusto, l'emozione suscitata dal quadro, dal disegno, dal luogo.

Qui si cercherà di fornire una panoramica non certamente esaustiva, vista la vastità del periodo cronologico che acclude opere in Greco che vanno da Omero, alla fase bizantina.

Piuttosto si desidera offrire uno spunto conoscitivo e di riflessione su di un tema attraente e che presenta, a tutt'oggi, possibilità di approfondimento e di indagine.

Laocoonte e i suoi figli—Musei Vaticani
Copia marmorea romana (I sec. d. C.)

2—TEORIE SULL'ἘΚΦΡΑΣΙΣ

In verità, sin dall'Arcaismo greco, si instaura una forma di "agonismo/antagonismo" tra Arte poetica ed Arti figurative, come dimostrano numerosi spunti; citiamo qui gli esempi salienti di tale atteggiamento.

Così, il lirico corale Simonide afferma: "τὴν μὲν ζωγραφίαν ποίησιν σιωπῶσαν προσαγορεύει, τὴν δὲ ποίησιν ζωγραφίαν λαλοῦσαν"— mentre la pittura è una poesia silenziosa, la poesia è una pittura parlante[1].

E ancora un lirico corale arcaico, il celebre Pindaro: "Οὐκ ἀνδριαντοποιός εἰμ', ὥστ' ἐλινύσοντα ἐργάζεσθαι ἀγάλματ' ἐπ' αὐτᾶς βαθμίδος ἑσταότ'· ἀλλ' ἐπὶ πάσας ὁλκάδος ἔν τ' ἀκάτῳ, γλυκεῖ' ἀοιδά", "io non sono uno scultore, che si china a lavorare statue per fissarle su di un piedistallo; ma su ogni nave da carico e su nave leggera, canterò dolcemente" [2].

Anche in ambiente filosofico il dibattito sul valore espressivo attribuito alle Arti plastiche e figurative è vivo in Democrito—che definiva i nomi degli dei "statue dotate di voce"[3]—Empedocle[4], Gorgia[5], in ambiente sofistico, sino a Socrate che, nella conversazione con il pittore Parrasio e lo scultore Kleiton, propone una "poetica" della pittura e della scultura, poste in competizione con la scrittura[6].

In Platone[7] le origini dei nomi sono collegati all'immagine e derivano dalla mimesi, imitazione di ciò che viene rappresentato dalle arti figurative e

---

[1] Cit. in Plutarco, *De gloria Atheniensium*, 346 F; sull'argomento come affrontato da Plutarco cfr. G. Lanata, *Poetica preplatonica: testimonianze e frammenti*, Firenze 1963, pp. 68-69; e ancora B. Gentili, *Poesia e pubblico nella Grecia antica. Da Omero al V secolo*, Roma-Bari 1984, p. 9.
[2] Pindaro, *Nemea V*, vv.1-2. Simili considerazioni troviamo, inoltre, in scoliasti antichi: "ἀμίμητα δὲ ταῦτα καὶ γραφεῦσι καὶ πλάσταις" (Schol. bT Il. XVI 104-105).
[3] Crf. Karoly Kerengyi, *Agalma, eikon, eidolon*, in "Archivio di Filosofia", I, 1962, Ed. Serra Roma, pp. 161-171.
[4] Empedocle, *Simpl. Phys.*, 159, 27, (= Diels-Kranz, 23).
[5] Gorgia, *Elena*, 18, in Diels, Hermann, & Walther Kranz (eds.), *Die Fragmente der Vorsokritiker*. Berlin: Auguste Raabe.; crf. Anche lo studio di Charles Segal, *Gorgias and the Psycology of the logos*, in "Harvard Studies in Classical Philology", 66, 1962, p. 99, sgg.
[6] Senofonte, *Memorabilia*, III 10, 1-8.Cfr. su tale tema Aldo Brancacci, *Socrate critico d'Arte*, in Gabriele Giannantoni e Michel Narcy, (a cura di), *Lezioni socratiche*, Ed. Bibliopolis-Elenchos (Serie) Napoli 1997. Relativamente alla trattazione delle ekfraseis dal punto di vista prettamente filosofico rimandiamo a Aldo Brancacci, *Le Ekphraseis di Zenone, Cleante e Crisippo*, in AA. VV., "Literature, Scholarship, Philosophy and History, Classical Studies in Memory of Joannis Taifacos", Edited by Georgios A. Xenos, Franz Steiner Verlag, Stuttgart 2015, pp. 421- 439, ove anche ampia bibliografia.
[7] Platone, *Cratilo*, 423, 9-11.

dalla Musica; come in Aristotele che connette l'immagine mentale alla possibilità "rappresentativa" di essa tramite il linguaggio verbale[8].

In ambiente stoico i riferimenti alle potenzialità espressivo-filosofiche dell'Ekfrasi sono ulteriormente ampliate da Zenone, Cleante, Crisippo[9].

Vera e propria teorizzazione troviamo nel II secolo d. C. in Ermogene, che nei *Progymnasia* definisce la descrizione letteraria di opere figurative "un discorso descrittivo che pone l'oggetto sotto gli occhi con efficacia"[10].

Non ci soffermiamo oltre nella trattazione relativa alla concezione ekfrastica nel mondo classico.

Nel XVIII secolo, in concomitanza con il sorgere di rinnovato interesse nei confronti del mondo classico, il filosofo tedesco Gotthold Ephraim Lessing riprende in maniera specifica la questione relativa al rapporto tra pittura e poesia in un importante saggio sull'esemplare romano del Gruppo di Lacoonte, ove teorizza il "dominio del poeta nel tempo e dello scultore nello spazio"[11].

Per quanto riguarda gli studi contemporanei sull'ekphrastica greca fondamentale fu l'analisi del Friedländer[12], sia per ampiezza che per profondità.

Come afferma Michele Cometa, "la questione dell'ékphrasis è oggi al centro della *Visual Culture* contemporanea e della comparatistica internazionale[13]".

Numerosi i teorici, i semiologi, gli studiosi che hanno centrato l'attenzione sul rapporto parola-immagine, così ad esempio Murray Krieg[14] che ha definito l'ékphrasis "Imitazione in Letteratura di un'opera delle Arti

---

[8] Aristotele, *Poetica*, 1445 b 15-17.
[9] A tal proposito vedasi il saggio di Aldo Brancacci, *Le Ekphraseis di Zenone, Cleante e Crisippo*, cit. pp. 421-439.
[10] Ermogene, *Progymnasia*, 10, p. 22, Ed. Raabe.
[11] G. E. Lessing, *Laokoon: oder über die Grenzen der Mahlerey und Poesie. Mit beyläufigen Erläuterungen verschiedener Punkte der alten Kunstgeschichte*, Berlin 1766 (bei Christian Friedrich Voß).
[12] Paul Friedländer, *Über die Beschreibung von Kunstwerken in der antiken Literatur, in Johannes von Gaza und Paulus Silentiarius*, Kunstbeschreibungen Justinianischer Zeit, Leipzig 1912.
[13] M. Cometa, *Topografie dell'ékphrasis: romanzo e descrizione*, in "Teoria del romanzo", (a cura di) L.A. Macor, F. Vercellone, Ed. Mimesis, Milano 2009, pp. 61-77; ivi ampia bibliografia.
[14] M. Krieger, *Ekphrasis. The Illusion of Natural Sign* (1991).

plastiche"; o J. Heffernan per il quale si tratta di una "rappresentazione verbale di una rappresentazione grafica"[15].

Non ci soffermiamo oltre nella trattazione generale del tema per addentrarci, invece, nello specifico dell'ékphrasis nella cultura greca antica.

Scene di caccia; New York, Metropolitan Museum 74. 51- 4, 54, Kourion (Cipro) Coppa fenicio-cipriota in argento dorato.

3—ESEMPI DI ἘΚΦΡΆΣΕΙΣ: EPOS E TRAGEDIA, SCUDI DI EROI O DIVINITÀ

3 a—Iliade, *Libro XVIII, vv. 478-616, "Il nuovo scudo di Achille"*

Il passo che qui esaminiamo è, per certi aspetti, inusuale e quasi "anomalo", rispetto alla materia guerresca del Poema omerico, definito come l'"epopea militare" per antonomasia; esso, tra l'altro, rappresenta il più antico esempio di ἔκφρασις della poesia occidentale. Sarà ampiamente imitato[16] e, come vedremo, fornirà il modello per il poemetto pseudo esiodeo lo *Scudo di Eracle*.

Questo l'argomento dell'ὁπλοπΐα: Teti, madre di Achille, chiede ad Efesto di costruire una nuova armatura per Achille, che ha ceduto la propria all'amico Patroclo. Nel passo omerico, in particolare, viene descritto lo scudo su cui sono raffigurate varie scene distribuite in cinque zone: πέντε δ' ἄρ' αὐτοῦ ἔσαν σάκεος πτύχες: il Cosmo con la terra, il cielo, il mare, la luna e gli astri; due città, una in pace—con la scena di un matrimonio e di

---

[15] J. Heffernan, *Ékphrasis and Representation* (1991). Id., *Museum of Words. The Poetics of Ekphrasis from Homer to Ashbery* (1993).
[16] Ad esempio anche Virgilio descriverà la fabbricazione dello scudo di Enea da parte di Vulcano (*Eneide*, VIII, 616-731).

un giudizio pubblico—ed una in guerra, difesa dagli abitanti che organizzano anche un assalto al campo nemico; vita campestre: aratura, mietitura, vendemmia, greggi; danzatori ed acrobati a Creta, che fanno una esibizione, probabilmente una "taurocatapsia"; il fiume Oceano che costituisce la "cornice" esterna dell'intera raffigurazione. La disposizione dell'insieme non è chiara, così come la forma e struttura dello scudo[17].

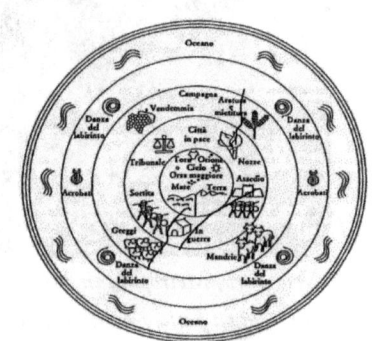

Possibile ricostruzione dello scudo di Achille
Immagine da vociantiche.wordpress

Sul piano interpretativo, non vi è dubbio che lo scudo rappresenti un "universo *in nuce*", ove sono racchiusi macrocosmo e microcosmo, in cui si alternano le più varie attività umane. Troviamo raffigurati, infatti, la terra, il cielo, il mare, il sole che si incontrano in uno spazio "miniaturistico", come possiamo leggere:

> 483 Ἐν μὲν γαῖαν ἔτευξ', ἐν δ' οὐρανόν, ἐν δὲ θάλασσαν,
> ἠέλιόν τ' ἀκάμαντα σελήνην τε πλήθουσαν,
> ἐν δὲ τὰ τείρεα πάντα, τά τ' οὐρανὸς ἐστεφάνωται,
> Πληϊάδας θ' Ὑάδας τε τό τε σθένος Ὠρίωνος
> Ἄρκτόν θ', ἣν καὶ Ἄμαξαν ἐπίκλησιν καλέουσιν,
> ἥ τ' αὐτοῦ στρέφεται καί τ' Ὠρίωνα δοκεύει[18]

---

[17] Vedasi sulla forma e struttura dello scudo, nonché sulla sua interpretazione Antonietta Gostoldi, Omero, Iliade, pp. 984-98, Ed. Rizzoli, Milano 2003; ed anche Giovanni Cerri, *Omero, Iliade, L. XVIII—Lo scudo di Achille*, Ed. Carrocci, Roma 2010, p. 30.
[18] "Vi scolpì la terra ed il cielo ed il mare, il sole che mai non si smorza, la luna in pieno splendore, e tutte le costellazioni, di cui si incorona il Cielo, le Pleiadi, le Iadi, la forza d'Orione e l'Orsa, detta che Carro, per soprannome, che gira su se stessa guardando Orione …" (trad. G. Cerri).

Alle occupazioni umane sono riservate le zone mediane, che creano da una parte la sensazione di armonia ed ordine—la città in pace, la coltivazione dei campi, l'allevamento, il matrimonio—ma, al contempo sono introdotti elementi perturbatori come la guerra e il giudizio pubblico:

490—Ἐν δὲ δύω ποίησε πόλεις μερόπων ἀνθρώπων
καλάς. ἐν τῇ μέν ῥα γάμοι τ' ἔσαν εἰλαπίναι τε,
νύμφας δ' ἐκ θαλάμων δαΐδων ὕπο λαμπομενάων
ἠγίνεον ἀνὰ ἄστυ, πολὺς δ' ὑμέναιος ὀρώρει·...[19]

509—Τὴν δ' ἑτέρην πόλιν ἀμφὶ δύω στρατοὶ ἥατο λαῶν
τεύχεσι λαμπόμενοι·...[20]

Nella scena di "giudizio" si è individuata una delle più antiche testimonianze di un procedimento giudiziario[21].

Non ci addentriamo in una ardua operazione ermeneutica della lunga ékphrasis omerica, basti citare l'ipotesi del Cerri che vede nella rappresentazione "realistica" delle scene di vita un esplicito riferimento al vero destinatario del Poema, cioè il pubblico cui si rivolgeva il cantore greco-arcaico. La descrizione "mette a fuoco le contraddizioni della vita umana, considerata panoramicamente nel suo insieme...è struttura portante dell'insieme".

Dunque l'Iliade "essendo poesia narrativa, racconta la vita umana, è *speculum vitae* attraverso il mito", concordando in tale ipotesi con lo Schadewaldt che definiva l'episodio "descrizione di un'opera d'Arte che è al tempo stesso immagine del mondo ed immagine della vita"[22].

---

[19] " Vi scolpì due belle città di uomini mortali. Nella prima si celebravano nozze e banchetti, portavano le spose dalle loro stanze nella rocca con le torce accese, dappertutto echeggiava l'imeneo..." (trad. G. Cerri).
[20] "Stavano intorno all'altra città due schiere di guerrieri, splendidi nelle armi..." (trad. G. Cerri).
[21] G. Cerri, *Omero, Iliade, L. XVIII—Lo scudo di Achille*, cit. p. 132.
[22] G. Cerri, *Omero, Iliade, L. XVIII—Lo scudo di Achille*, cit. p. 44-45.

Maria Làudani • "Ambienti reali ed immaginari del Mediterraneo"

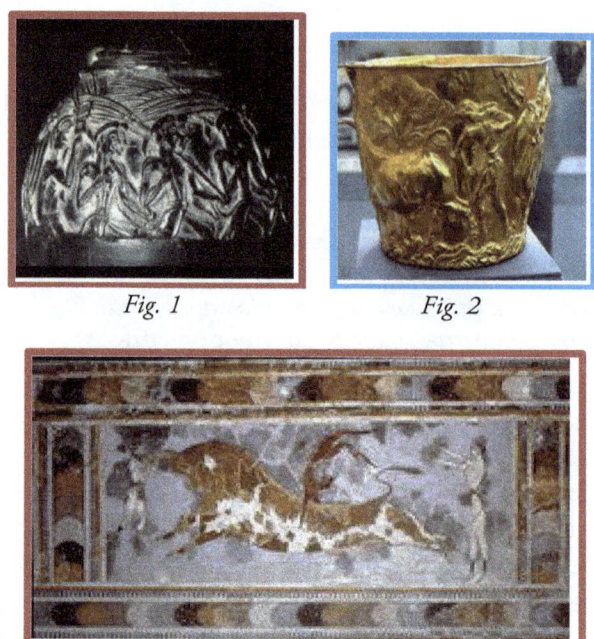

Fig. 1 *Fig. 2*

Fig. 3

Fig. 1- Vaso dei mietitori; 1500 a. C. (steatite), dettaglio; Heraklion, Museo Archeologico
Fig. 2—Tazza aurea da Vafiò, con scene campestri e di caccia; ca. 1600-1500 a.C.; Atene, Museo Archeologico
Fig. 3—Affresco con scena di taurocatapsia; palazzo di Cnosso ca. 1425—1300

Vaso da Vulci, Eracle e Cicno, 550—525 a.C.;
Museo Civico Archeologico, Bologna

3 b—Lo scudo dell'Eracle pseudo-esiodeo

Un altro interessante esempio ekfrastico della Grecia arcaica è rappresentato dal poemetto pseudo esiodeo lo *Scudo di Eracle*. L'arma sarebbe stata forgiata sempre da Efesto per Eracle, in procinto di scontrarsi con Cicno.

La cronologia dell'opera è supportata da un riferimento del lirico corale Stesicoro che avrebbe citato nel suo *Kyknos* il poemetto come opera di Esiodo[23]. Tuttavia svariati elementi storici ed archeologici[24] non rendono probabile una data di molto anteriore al 570 a.C. In ogni caso pare comprovata la matrice orale della composizione[25].

In anni recenti P. Venti ha rivolto allo Scudo un'analisi minuziosa che ha ulteriormente supportato l'ipotesi di un'ascendenza tradizione orale e vi

---

[23] Καὶ *Στησίχορος δέ φησιν* ʽ*Ησιόδου* εἶναι τὸ *ποίημα*, in F. Solmsen—R. Merkelbach—M.L. West (ed. by), *Hesiodi ʽTheogonia', ʽOpera et Dies', ʽScutum'*, Fragmenta selecta, Un. Press, Oxford 1970.

[24] Patrizia Mureddu, *Quando l'epos diventa maniera: lo Scudo di Eracle pseudo-esiodeo*, in "Lexsis" n. 33, 2015, Poetica, retorica e comunicazione nella tradizione classica, pp. 57-70; Ed. Adolf M. Hakkert. Ivi leggiamo: "I possibili riferimenti alla prima 'guerra sacra', l'imporsi del temenos di Apollo a Delfi, le modalità iconografiche resupposte dalla descrizione dello scudo, e soprattutto l'infittirsi, intorno alla metà del VI secolo, delle rappresentazioni vascolari della lotta tra Eracle e Cicno" (p. 57). Ivi ampia bibliografia sull'Operetta pseudo-esiodea.

[25] Lene Andersen, *The ʽShield of Herakles'—Problems of Genesis*, Classica et Mediaevalia 30, 1969, 10-26.

individuava una "formularità" ricca ed articolata non meno che nei Poemi omerici[26].

La descrizione dello Scudo di Eracle, opera anch'esso di Efesto, è chiara imitazione di Omero, anche se indulge in particolari truci e luttuosi. In ogni caso l'Autore tesaurizza e sintetizza la materia mitica rielaborandola con innegabile maestria, nonostante alcuni studiosi ne abbiano sottolineato la staticità, quasi da "istantanee fisse", prive della vitalità e del movimento che abbiamo verificato nello scudo di Achille del L.XVIII dell'Iliade[27].

L'Autore pare fortemente influenzato dalle raffigurazioni vascolari coeve, dalle sculture, dalle incisioni; confronti possono essere offerti, ad esempio, dalle opere artistiche prodotte dalle pitture dei ceramografi attici dei decenni finali del VI sec. a.C.[28] Notevole influenza ebbe anche il modello omerico, che offrì spunti narrativi come quello delle due città in pace e in guerra, anche se nello *Scudo di Eracle* la disposizione pare quasi per "metope" separate e la città in guerra prevale su quella in pace, facendo presupporre un diverso gusto e un differente uditorio.

Nel Poemetto pseudo esiodeo troviamo anche la descrizione della stagione autunnale, con i lavori campestri tipici di tale periodo[29], o il corteggio nuziale con giovani che elevo inni (vv. 276-279). Si succedono, quindi, vari episodi e personaggi del mito greco, indulgendo in particolari truci come nel caso delle Kere, con il loro spaventoso "arrotar di denti", (vv. 248-25) o le Moire che contendono alle Kere i corpi dei caduti in battaglia (vv. 258-260).

Conclude la descrizione dell'arma l'invocazione a Zeus, chiamato a testimonio della straordinarietà del lavoro di Efesto.

---

[26] Paolo Venti, *Per un'indagine sulla formularità dello 'Scudo di Heraklès'*, Lexis 7-8, 1991, 26-71.

[27] Patrizia Mureddu, *Quando l'epos diventa maniera: lo Scudo di Eracle pseudo-esiodeo*, cit. p. 60: "I pochi effetti speciali—il fragore prodotto dalle mascelle dei mostri; Perseo che sembra librarsi nell'aria, al di sopra della superficie dello scudo—sono puntualmente segnalati come tali, con ammira maestria dell'artefice".

[28] Patrizia Mureddu, *Quando l'epos diventa maniera: lo Scudo di Eracle pseudo-esiodeo*, cit. p. 61, e nota 24.

[29] Patrizia Mureddu, *Quando l'epos diventa maniera: lo Scudo di Eracle pseudo-esiodeo*, cit. p. 63.

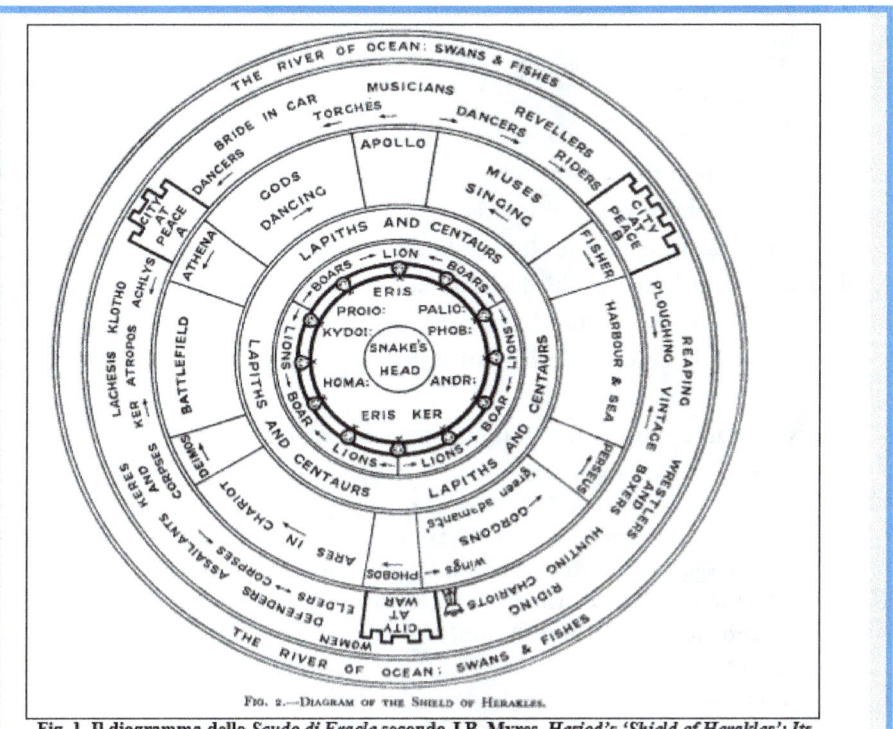

Fig. 1. Il diagramma dello *Scudo di Eracle* secondo J.B. Myres, *Hesiod's 'Shield of Herakles': Its Structure and Workmanship*, JHS 61, 1941, 22.

I Sette contro Tebe; Anfora pontica, VI sec. a. C.;
Pittore di Anfiarao—Monaco, Staatliche Antikensammlungen

3 c—Eschilo, Sette contro Tebe

Già l'Anonimo autore del trattato "Sul sublime" individuava in Eschilo un tragico dotato di straordinaria capacità "eidolopoietica" nella resa quasi visiva delle azioni eroiche dei personaggi, *Φαντασίαι ἡρωικώταται,* tanto da risultare reali agli occhi degli ascoltatori, *ὑπ'ὄψιν τοῖς ἀκούουσιν*[30]. In particolare l'Anonimo ravvisava nella tragedia i *Sette contro Tebe* vari momenti in cui la descrizione diviene autentica mimesi, quasi materia tangibile[31].

Così, ad esempio, nel giuramento dei guerrieri del Prologo, vv. 42-48, riferito dal nunzio nella rhesis:

> Sette eroi, sette impetuosi comandanti
> Hanno sgozzato un toro su uno scudo bordato di nero
> E hanno immerso le mani nel sangue taurino.
> Hanno giurato nel nome di Ares, di Enio e del sanguinario Terrore
> Di radere al suolo la città
> E mettere a ferro e fuoco la rocca dei Cadmei
> Oppure di morire e di impastare la terra del proprio sangue

---

[30] Anonimo, *Del Sublime*, XV.
[31] Cfr. Stefano Amendola, *Due scudi neri come la notte. Il giuramento degli argivi e lo scudo di Tideo nei Sette contro Tebe di Eschilo,* in P. Esposito e P. Volpe (a cura di) "Strategie del commento a testi greci e latini", Atti del Convegno, Fisciano, 16-18 novembre 2006, Estratti, Ed. Rubbettino, Soveria Mannelli. Ed anche Giulio Guidorizzi, *Anonimo, Il Sublime*, a cura di G. Guidorizzi, Milano 1996, p. 210.

Il giuramento dei sette capi (di Alfred J. Church)

La scena del Prologo anticipa chiaramente tutta la rassegna dei sette eroi assediatori, ciascuno equipaggiato con uno scudo dai "poteri soprannaturali". Ad ogni personaggio alleato del fratello-nemico Polinice, Eteocle contrapporrà altrettanti eroi le cui virtù e caratteristiche forniranno una difesa "apotropaica" rispetto alle immagini inquietanti raffigurate negli scudi degli avversari.

Nel secondo episodio[32] della tragedia l'**ἄγγελος**, il messaggero, passa a descrivere i sette eroi e i loro scudi ad Eteocle[33]. Il primo è Tideo:

> e sullo scudo reca altera insegna: ché sfavilla il cielo alto di stelle—**φλέγονθ'** ὑπ' **ἄστοις οὐρανόν**-
> e nel suo colmo lucido la luna domina, l'occhio della notte—**νυκτὸς** ὀφθαλμός -,
> la regina degli astri.

---

[32] Riguardo alla scena del giuramento vedasi: Pierre Judet de La Combe, *Eteocle interprète. Action et langage dans la scène centrale des Sept contre Thèbes d'Eschyle*, in J. Lallot et al. (edd.), Le texte et ses représentations (Etudes de Literature Ancienne 3), Paris 1987, pp. 61-62;

[33] Sulle rappresentazioni sugli scudi nell'iconografia greca antica: George H. Chase, *The Shield Devices of the Greek*, in "Harvard Studies in Classical Philology" 13, 1902, pp. 69-70; sul tema iconografico nella tragedia eschilea: Carmine Catenacci, *Realtà e immaginario negli scudi dei Sette contro Tebe di Eschilo*, in A. Bernardini (a cura di), *La città di Argo. Mito, storia, tradizioni poetiche*, Atti del Convegno internazionale di Urbino, 13-15 giugno 2002, Roma 2004, pp. 171-176.

E' qui evidente il richiamo agli inferi e alla morte, infatti Eteocle replicherà:

> E la notte che dipingi sfavillante d'astri sullo scudo gli avrà predetto il vero la follia.
> Se gli piombi sui morti occhi la notte, l'altera insegna è giusta a chi la porta,
> e su lui ricadrà l'auspicio folle.

Seguiranno Capaneo, gigantesco, la cui insegna è un uomo nudo con una torcia in mano e la scritta: "a fuoco metterò la città". Quindi è la volta di Eteoclo con un uomo armato su di una scala che espugna una roccaforte e la scritta "nemmeno Ares mi scrollerà". Compare poi Ippomedonte con il mostro Tifeo che sputa fuoco. E ancora Partenopeo con l'effige della Sfinge che avvinghia un Cadmeo.

Anfiarao, invece, non porta alcunché come insegna poiché "non vuole apparire, ma essere prode". In fine, per settimo, compare Polinice con la raffigurazione di un guerriero guidato dalla Dike in persona, e la scritta "Ricondurrò quest'uomo a Tebe e nelle patrie case".

Nell'economia complessiva della tragedia il posto riservato alla "rassegna" degli scudi è prioritario, e ci fornisce la misura della portata metaforica e quasi magica che le immagini raffigurate sulle armi esercitavano nei confronti della realtà, un po' come "formule rituali" materializzate in immagini inquietanti e minacciose.

A differenza degli scudi di Achille e di Eracle, le armi dei sette eroi non sono lo specchio di luoghi reali o l'esaltazione di miti, ma preludono la battaglia e ne pronosticano l'esito. Il valore della descrizione, quindi, non è un ornamento che amplia ed abbellisce la narrazione; è parte integrante dell'azione militare e dell'assedio della città di Tebe.

Maria Làudani • "Ambienti reali ed immaginari del Mediterraneo"

Mosaico pavimentale: lotta tra Dioniso e gli indiani (IV secolo d.C.)
Villa Tuscolana

3 d—Lo Scudo di Dioniso: nelle "Dionisiache"[34] *di Nonno di Panopoli (V sec. d. C.)*

Nel libro XXV dei Dionysiaca di Nonno di Panopoli, Attis reca a Dioniso un dono da parte di Rea- Cibele: si tratta di uno scudo grazie al quale il protagonista potrà continuare la sua lunga e faticosa guerra contro gli Indiani.

Leggendo il primo verso della descrizione dello scudo di Dioniso ἐν μὲν γαῖαν ἔτευξε περίδρομον (D. XXV 388) e, più avanti ἐν δέ τε

---

[34] Le *Dionisiache* è un poema lunghissimo, che si estende per circa 25.000 versi esametrici, distribuiti in 48 Libri; tratta della spedizione di Dioniso contro Deriade, re indiano. Non vi mancano infinite divagazioni, che vanno dalla vicenda della nascita del dio, ad episodi di mitologia. Relativamente all'ekphrasis dello scudo nelle *Dionisiache* vedasi P. Friedländer, *Über die Beschreibung von Kunstwerken in der antiken Literatur*, in *Johannes von Gaza und Paulus Silentiarius*; cit. pp. 21-23.

τείρεαπάντα (394), si notano immediatamente le puntuali riprese dallo scudo di Achille[35] (rispettivamente Il. XVIII 483 e 485).

Nello scudo omerico, come abbiamo già visto, sono rappresentati la terra, il cielo, il mare, il sole, la luna, le Pleiadi, le Iadi, Orione e una delle due Orse (Il. 483-489). Nonno, invece, si diffonde ampiamente, in maniera antifrastica rispetto al modello, su ciò che Omero elenca rapidamente, per esempio sulla raffigurazione del cielo, del sole e della luna, mentre riassume in maniera più generale e veloce alcuni aspetti ed elementi che erano trattati dettagliatamente nell'Iliade[36], permettendosi anche una sorta di diffrazione rispetto all'illustre precedente.

È evidente che Nonno vuole recuperare, all'interno della descrizione, il momento narrativo della realizzazione dello scudo. Nello scudo di Nonno troviamo, ad esempio, la "scena cosmica" nella quale viene introdotta, accanto all'Orsa, una "nuova" costellazione, quella del "Drago"; non si può fare a meno di sottolineare come l'interesse astronomico di Nonno, evidentemente, è tributario di un'opera che trovò ampia fortuna in età romano-imperiale, i *Fenomeni* di Arato.

Si passa, quindi, alla descrizione della costruzione di Tebe da parte dei gemelli Anfione e Zeto[37] (vv.414-429): il primo dei due muove i macigni con la forza del suono della lira[38].

---

[35] Matteo Agnosini, Lo Scudo Di Dioniso (Dionysiaca XXV 380-572), pp. 334- In " Maia Rivista Di Letterature Classiche", Ed. Cappelli, osserva: "Il lettore riconoscerà subito la scena tipica e certamente penserà alla lunga tradizione di ekphraseis integrate in un testo epico che da Omero si dipana fino a Nonno".

[36] Matteo Agnosini, Lo Scudo Di Dioniso (Dionysiaca XXV 380-572), cit., p. 335 osserva: "è diverso il modo in cui si dipana la descrizione: in Omero è un semplice quanto efficace elenco, in Nonno invece ogni elemento è introdotto da un verbo diverso e particolareggiato (*éteuxe* 388 e 390, *eisfàirose* 389, *pòikillen* 392, *leukàinon* e *kiuvklose* 393), ma facente comunque sempre riferimento alla figura di Efesto, il fabbro divino che ha cesellato lo scudo (6). Addirittura, quando sembra momentaneamente sparire la figura di Efesto, è l' *aithér* che ne riprende e ribadisce le azioni con il *poikìlletai* a 395)".

[37] Per una rassegna delle antiche attestazioni del mito vedasi l'articolo di Wernicke s. v. Amphion in RE I 1944-1948. Le prime attestazioni del mito sono in Omero (Od. XI 260-265 dove però non si accenna alle pietre incantate dalla lira di Anfione) e in Esiodo (fr. 60 Rz.=fr. 182 M.-W. testimonianza di Palefato, con menzione dell'importanza della lira per la costruzione delle mura di Tebe. Un'allusione alla prodigiosa costruzione delle mura di Tebe è pure in Euripide, *Antiope*, ed ancora, *Fenicie*, 823-824.

[38] M. Agnosini, *Lo Scudo Di Dioniso (Dionysiaca XXV 380-572)*, cit., p. 344 osserva: "La figura di Anfione che con la lira riesce addirittura ad incantare le pietre si presta ovviamente ad

Lo stesso mito era già stato ekfrasticamente affrontato da Apollonio Rodio[39] e da Filostrato nelle *Eikones*[40]. Quindi è descritto il ratto di Ganimede da parte di Zeus[41] (vv.429-450). Subito dopo è inserito un "epillio", la storia di Tilo (vv.451-552), ucciso dal morso di un serpente e riportato in vita, grazie ad un'erba magica, dalla sorella Moria[42].Chiude tutta l' ἔκφρασις la scena dell' inganno di Cibele a Cronos[43] (vv. 553-562).

---

accostamenti con quella di Orfeo: grazie a questa equiparazione i può sostenere che Anfione rappresenti la figura del poeta e, per la sua opera di fondazione e creazione, sia anche equiparabile al fabbro"; vedasi Id. note 25, 26, 27 ove ampia bibliografia al riguardo.

[39] Apollonio Rodio, *Argonautiche*, L. I, 735-741.

[40] Filostrato nelle *Eikones,I, 10*.

[41] M. Agnosini, *Lo Scudo Di Dioniso (Dionysiaca XXV 380-572)*, cit., p. 349: "qui vediamo la rappresentazione di due sentimenti contrastanti coincidenti con le due differenti scene in cui si articola il mito: da un lato c'è l'apprensione dell'aquila, cioè Zeus, durante il volo, poiché teme che Ganimede possa scivolare in mare (434-441), dall'altro è raffigurata la gelosia di Era nei confronti del giovane quando questi è già coppiere degli dèi (446-447) . Non bisogna poi dimenticare che anche questo è un mito di movimento, perché descrive il volo dell'aquila".

[42] M. Agnosini, *Lo Scudo Di Dioniso (Dionysiaca XXV 380-572)*, cit., p. 350:"Anche in questo mito si trovano molte indicazioni di sentimenti e stati d'animo. Soprattutto però sono interessanti le due resurrezioni parallele, quella del serpente (531-538) e quella di Tilo (542-552): entrambe si chiudono con il recupero delle facoltà motorie e sonore (per Tilo anche della capacità di vedere, a 552), quasi fossero queste due qualità, quelle maggiormente estranee all'arte figurativa, a sancire l'avvenuta resurrezione. Anche in questo caso si può vedere come la poesia sia in grado di aggiungere particolari che la rendono superiore all'arte figurativa".

[43] M. Agnosini, *Lo Scudo Di Dioniso (Dionysiaca XXV 380-572)*, cit., p. 350:" Il fatto che in chiusura sia posto proprio un mito di inganno è emblematico dell'importanza che Nonno attribuiva alla problematica della finzione. La scena descrive Crono che rigurgita i propri figli come se stesse partorendo, instaurando così una relazione di somiglianza e contrapposizione rispetto a Cibele, la vera partoriente. Il "parto" di Crono dunque non può che essere classificato come finto, proprio come il bambino che Cibele gli aveva offerto come pasto".

Statua di Dioniso (II sec. d. C.), Palazzo Massimo

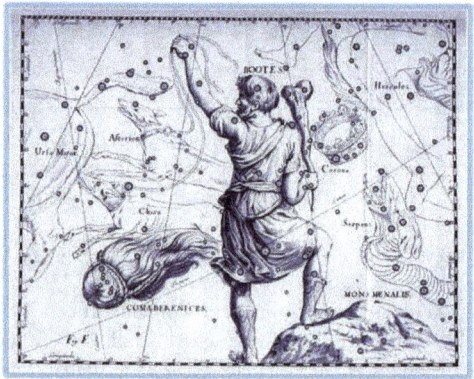

La Chioma di Berenice, da "Uranographia" di Johannes Hevelius (1690)

4—L' ἘΚΦΡΑΣΙΣ DI LUOGHI E DI OGGETTI

La poesia ellenistica, di stampo prettamente eziologico, si dedica abbondantemente a descrivere miti connessi spesso a fondazioni di città o legati a luoghi ed oggetti specifici[44].

Un modello indiscusso di lirica ellenistica raffinata e ricca di elementi descrittivi è certamente la poesia di Callimaco, in particolare ne *La chioma*

---

[44] Per l'ekphrasis di opere d'arte in età ellenistica si può consultare anche Flora Manakidou, *Beschreibung von Kunstwerken in der hellenistischen Dichtung: ein Beitrag zur hellenistischen Poetik*, Stuttgart 1993.

di Berenice[45], *Aition* che ha trovato ampia fortuna con la versione latina di Catullo. Il mito narra del "ricciolo" della capigliatura della regina egiziana Berenice II, che la sovrana immola alle divinità perché il consorte, il re Tolomeo III Evergete, possa tornare sano e salvo da un'impresa militare. Il "dono" votivo sparisce misteriosamente e l'astronomo di corte Conone individua nel cielo una uova costellazione, καταστερισμός, "trasformazione in astro", della chioma di Berenice, cui viene conferito il nome dedicatario della regina.

Coevo di Callimaco troviamo il poeta Teocrito di Siracusa, che fa della descrizione per "quadretti",—"Idilli" (da *eidolon*, cioè immagine)—la struttura tipica della sua poesia e che, ad esempio, nel celeberrimo XV Idillio *Le siracusane*, pone al centro della vicenda l' ἔκφρασις di un velo con le vicende di Adone raccontate nella performance di una cantante presso il palazzo di Tolomeo ad Alessandria d'Egitto[46].

Altro poeta ellenistico che ci offre esempi di descrizioni ekfrastiche è anche il raffinatissimo Apollonio Rodio: nel poema *Argonautiche* troviamo una interessante ἔκφρασις, quella del mantello di Giasone [47] che fa riferimento evidente nel modello degli scudi dell'epos.

Un ulteriore modello di descrizione di opere d'arte è rappresentato dal siciliano Eroda, il quale nel mimo *Donne al tempio di Asclepio* passa in rassegna oggetti ed opere d'Arte del tempio di Asclepio a Cos, attraverso lo sguardo di due umili fedeli[48].

Numerose le ἐκφράσεις presenti dei romanzi ellenistici. Così, ad esempio, Achille Tazio (II sec. d. C.), nel *Leucippe e Clitofonte*, dà avvio alla narrazione partendo proprio dalla descrizione di un dipinto che anticipa il soggetto del romanzo, una storia d'amore intessuta di peripezie e che si conclude con l'immancabile *happy end*.

L' ἔκφρασις è inserita nel Prologo e rappresenta quasi una "storia nella storia".

---

[45] Callimaco, *Aitia*, IV, Fr. 110 Pf., cfr. Anche traduzione di Catullo, *Carmi*, LXVI.
[46] Teocrito, *Idillio XV*, 78-86. Al riguardo vedasi: S. Nicosia, *Teocrito e l'arte figurata* (Quaderni dell'Istituto di Filologia Greca dell'Università di Palermo), Palermo 1968.
[47] Apollonio Rodio, *Argonautiche*, I, vv. 725-764. Cfr. con M. Fusillo, *Il tempo delle Argonautiche*, Roma 1985, pp. 289-312.
[48] Eroda, *Mimo IV, Ἀσκληπιῷ ἀνατιθεῖσαι καὶ θυσιάζουσαι*, Ed. F. Romagnoli, Bologna 1926.

Il narratore giunge a Sidone, città fenicia, e lì si imbatte in un quadro che suscita la sua ammirazione, esso rappresenta il rapimento di Europa da parte di Zeus che ha assunto forma taurina. I particolari sono dettagliatissimi e rendono vivida la scena:

> Mentre me ne andavo in giro per la città ammirando le offerte votive, vidi un quadro esposto che raffigurava terra e mare insieme. Era la rappresentazione di Europa: il mare era quello della Fenicia, la terra quella di Sidone. Sulla terra c'era un prato e un gruppo di ragazze. Nel mare nuotava un toro e sul dorso teneva una bella fanciulla che navigava con il toro verso Creta. Il prato era coperto da molti fiori e a questi si mescolava una fitta schiera di alberi e piante.[49]

Europa sul Toro, affresco da Pompei ca. 25 d.C., Casa di Giasone Museo Archeologico, Napoli.

Un'altra celeberrima ἔκφρασις di un quadro è quella che lo scrittore, esponente della seconda sofistica, Luciano di Samosata (II sec. d. C.), ci fornisce nell' Ἡρόδοτος ἢ Ἀετίων,—Erodoto o Aezione[50]—(parr. 4-6) ove è

---

[49] Achille Tazio, *Leucippe e Clitofonte*, I, parr. 1-3, a cura di Federica Ciccolella, Alessandria, Edizioni dell'Orso, 1999 (introduzione, testo, traduzione e note).
[50] Luciano di Samosata, Ἡρόδοτος ἢ Ἀετίων, parr. 4-6.

descritto il famosissimo dipinto di Ezione che raffigura le Nozze di Alessandro Magno e Roxane[51] con tali parole:

> Καὶ τί σοι τοὺς παλαιοὺς ἐκείνους λέγω σοφιστὰς καὶ συγγραφέας καὶ λογογράφους ὅπου τὰ τελευταῖα ταῦτα καὶ Ἀετίωνά φασι τὸν ζωγράφον συγγράψαντα τὸν Ῥωξάνης καὶ Ἀλεξάνδρου γάμον εἰς Ὀλυμπίαν καὶ αὐτὸν ἀγαγόντα τὴν εἰκόνα ἐπιδείξασθαι, ὥστε Προξενίδαν Ἑλλανοδίκην τότε ὄντα ἡσθέντα τῇ τέχνῃ γαμβρὸν ποιήσασθαι τὸν Ἀετίωνα.[52]

Altrettanto significativa un'opera prettamente ekfrastica, che ci riporta le opere pittoriche di una Pinacoteca privata in un portico, presso una villa napoletana; parliamo delle Εἰκόνες di Filostrato Minore (III sec. d. C.), trattazione di carattere saggistico in due libri, nella quale si illustrano sei quadri di soggetto mitologico. Come nel caso di Luciano, anche le Εἰκόνες fanno parte della produzione retorica attinente alla seconda sofistica[53].

---

[51] V. Andò, *Luciano critico d'arte*, Palermo 1975; G. Anderson, *Patterns in Lucian's Prolaliae*, in *Philologus*, CXXI, 1977, pp. 313-315; F. Montanari, *Ecfrasi e verità storica nella critica di Luciano*, in *Ricerche di Filologia classica*, II, 1984, pp. 111-123; A. Branham, *Introducing a Sophist-Lucian's Prologues*, in *TransactAmPhilAss*, CXV, 1985, pp. 237-243. Per le ricostruzioni di pitture perdute da e. lucianee: L. Faedo, *op. cit.*, pp. 8-24 (con bibl.). Su Luciano ed Ezione: S. Maffei, *Una ricostruzione impossibile: le nozze di Alessandro e Roxane di Aezione*, in *Ricerche di Storia dell'Arte*, XXX, 1986, pp. 16-26; ed anche Luciano di Samosata, *Descrizioni di opere d'arte*, (a cura di S. Maffei), Ed. Einaudi, Torino1997.

[52] " Ma a che vi parlo io di quei vecchi sofisti, e storici, e retori, quando ultimamente il pittore Aezione, avendo dipinto le nozze di Rossane e di Alessandro, portò il quadro in Olimpia per farlo vedere; e questo piacque tanto a Prossenide, allora sovraintendente de' giuochi, che si fè genero Aezione?" da: "Opere di Luciano voltate in italiano da Luigi Settembrini; Ed. Felice Le Monnier; Firenze, Vol. II, XXI, p. 28, par. 4.

[53] Sui Filostrati vedasi: K. Lehmann-Hartleben, *The Imagines of the Elder Philostratus*, in *ArtB*, 1941, pp. 16-44; H. Vetters, *Die Neapler "Galleria", zu Philostrat, Eikones I 4*, in *OJh*, L, 1972-73, pp. 223-228; Ch. Michel, *Die Weisheit der Maler und Dichter in der Bildern des ältern Philostrat*, in *Hermes*, CII, 1974, pp. 457-466. L. Faedo, *L'impronta della parola. Due momenti della pittura di ricostruzione*, in S. Settis (ed.), *Memoria dell'antico nell'arte italiana*, II, Torino 1985, p. 10, nota 7; N. Beaginskaja, *Fata libelli. Das Schicksal der Gemälde des ältern Philostratos*, in W. Schüller (ed.), *Antike in der Moderne*, Costanza 1985.

Nozze di Zefiro e Clori, affresco da Pompei, Casa del Naviglio 54-68 d.C. Museo Archeologico, Napoli.

Altro campo nel quale si incontrano numerose descrizioni di luoghi, architetture, oggetti lo fornisce il geografo Pausania, II sec. d. C., con la **Περιήγεσις τῆς Ἑλλάδος**,—*Periegesi della Grecia*—una specie di "guida di viaggio" per il *Grand tour* dell'epoca, ove descrive luoghi di attrazione turistica della Grecia, visitati personalmente dall'autore.

Citiamo per tutti un esempio, la descrizione della famosa "Arca di Cipselo", dedicata presso il santuario di Olimpia:

> E vi è un'altra opera, un'arca di legno di cedro con sopra piccole figure in rilievo, alcune di avorio, altre d'oro, altre invece tratte dallo stesso legno di cedro: in quest'arca la madre (Labda) pose Cipselo, il tiranno di Corinto, allorché i Bacchidi cercavano in ogni modo di rintracciarlo, appena nato...[54]

---

[54] Pausania, **Περιήγησις τῆς Ἑλλάδος** (*Periegesi della Grecia*), V, 17-19, a cura di Gianfranco Maddoli e Vincenzo Saladino, Einaudi, Bologna 2007.

Tempio di Zeus, V sec. a. C. sito archeologico di Olimpia

In periodo romano-imperiale e bizantino sono notevoli le composizioni nate come esercizi di retorica, i *progymnasia*, che nei primi secoli d. C. descrivevano luoghi ed opere d'Arte, come nel caso delle descrizioni del retore Libanio (IV sec. d. C.) che illustra due quadri del Bouleuterion di Antiochia, o Procopio di Gaza (V sec. D. C.) che ci parla di un quadro con il mito di Ippolito e Fedra[55], o la famosa descrizione del 537 di Santa Sofia di Costantinopoli di Paolo Silenziario[56].

---

[55] H. Maguire, *Truth and Convention in Byzantine Descriptions of Works of Art*, in *DOP*, XXVIII, 1974, pp. 113-140.
[56] W. Pulhom, *Archäologischer Kommentar zu Paulos Silentiaros*, in O. Veh (ed.), *Procopius Caesariensis, Werke-Paulus Silentiarius Beschreibung der Hagia Sophia und Beschreibung des Ambon*, Monaco 1977, pp. 475-510; J. Irmscher, *Justinian als Bauherr in der Sicht der Literatur*, in *Klio*, LIX, 1977, pp. 225-229; M. Witby, *The Occasion of Paulus Silentiary's Ecphrasis of S. Sophia*, in *ClQu*, XXXV, 1985, pp. 215-218.

Santa Sofia di Costantinopoli (VI sec. d.C.), interno

Concludiamo questa rapida e certamente perfettibile rassegna con un'opera in greco medievale e versi "politici" (decapentasillabi), l'epopea cavalleresca *Dighenìs Akritis*, un "romanzo cavalleresco" elaborato in contesto bizantino, che narra le vicende eroiche del personaggio che dà il nome all'opera[57].

Il "cristiano" Dighenìs, pur essendo figlio del matrimonio tra una principessa mussulmana e un cristiano, diviene difensore della frontiera orientale dell'Impero costantinopolitano. Il protagonista dell'epos attraversa mille avventure ed amori.

---

[57] *Dighenis Akritis. Versione dell'Escorial*, a cura di F. Rizzo Nervo Editore: Rubbettino, collana Medioevo romanzo e orientale, 1996. Ed anche M. Làudani, *Nomi e luoghi nell'Epopea di Dighenìs Akritis*, "Rivista Internazionale di Onomastica letteraria "Il Nome del Testo XV", Annata (2013)", pp. 120-137.

Maria Làudani • "Ambienti reali ed immaginari del Mediterraneo"

Manoscritto del Poema cavalleresco "Dighenìs Akrìtis"

In fine si spegnerà presso un castello meraviglioso, circondato dal un rigoglioso giardino descritto con dispendio di particolari, nella migliore tradizione dell'ἔκφρασις classica.

BIBLIOGRAFIA

Achille Tazio, *Leucippe e Clitofonte*, I, parr. 1-3, a cura di Federica Ciccolella, Alessandria, Edizioni dell'Orso, 1999 (introduzione, testo, traduzione e note).

Amendola, Stefano, *Due scudi neri come la notte. Il giuramento degli argivi e lo scudo di Tideo nei Sette contro Tebe di Eschilo*, in P. Esposito e P. Volpe (a cura di) *Strategie del commento a testi greci e latini*, Atti del Convegno, Fisciano, 16-18 novembre 2006, Estratti, Ed. Rubbettino, Soveria Mannelli.

Anderson, Graham, *Patterns in Lucian's Prolaliae,* in *Philologus Zeitschrift für antike Literatur und ihre Rezeption / A Journal for Ancient Literature and its Reception,* CXXI, 1977, Akademie Verlag, Berlin pp. 313-315.

Anonimo, *Del Sublime*, XV.

Andersen, Lene, *The 'Shield of Herakles'—Problems of Genesis*, Classica et Mediaevalia 30, 1969.

Aristotele, *Poetica*, 1445 b.

Brancacci, Aldo, *Socrate critico d'Arte*, in G. Giannantoni e M. Narcy, (a cura di), *Lezioni socratiche*, Ed. Bibliopolis- Elenchos (Serie) Napoli 1997.

Brancacci, Aldo, *Le Ekphraseis di Zenone, Cleante e Crisippo*, in AA. VV., *Literature, Scholarship, Philosophy and History, Classical Studies in Memory of Joannis Taifacos*, edited by Georgios A. Xenos, Franz Steiner Verlag, Stuttgart 2015.
Andò, Valeria, *Luciano critico d'arte*, Istituto di filologia greca della Università di PalermoPalermo 1975.
Apollonio Rodio, *Argonautiche*, I, vv. 725-764.
Braginskaja, Nina Vladimirovna, *Fata libelli. Das Schicksal der Gemälde des ältern Philostratos*, in W. Schüller (ed.), *Antike in der Moderne*, Universitätsverlag Konstanz serie Xenia 1985.
Branham, Bracht R., *Introducing a Sophist-Lucian's Prologues*, in *Transactions of the American Philological Association*, CXV, 1985, pp. 237-243.
Callimaco, *Aitia, IV*, Fr. 110 Pf., cfr. Anche traduzione di Catullo, *Carmi*, LXVI.
Cerri, Giovanni, *Omero, Iliade, L. XVIII—Lo scudo di Achille*, Ed. Carrocci, Roma 2010.
Chase, George H., *The Shield Devices of the Greek*, in "Harvard Studies in Classical Philology" 13, 1902.
Cometa, Michele, *Topografie dell'ékphrasis: romanzo e descrizione*, in "Teoria del romanzo", (a cura di) L.A. Macor, F. Vercellone, Ed. Mimesis, Milano 2009.
De La Combe, Pierre Judet, *Eteocle interprète. Action et langage dans la scène centrale des Sept contre Thèbes d'Eschyle*, in J. Lallot et al. (edd.), Le texte et ses représentations (Etudes de Literature Ancienne 3), Paris 1987.
Dighenis Akritis. Versione dell'Escorial, a cura di F. Rizzo Nervo. Rubbettino, 1996.
Empedocle, *Simpl. Phys.*, 159, 27, (= Diels-Kranz, 23).
Ermogene, *Progymnasia*, 10, p. 22, Ed. Raabe.
Eroda, *Mimo IV*, Ἀσκληπιῷ ἀνατιθεῖσαι καὶ θυσιάζουσαι, Ed. F. Romagnoli, Bologna 1926.
Faedo, Lucia, *L'impronta della parola. Due momenti della pittura di ricostruzione*, in S. Settis (ed.), *Memoria dell'antico nell'arte italiana*, II, Torino 1985.
Friedländer, Paul, *Über die Beschreibung von Kunstwerken in der antiken Literatur*, in *Johannes von Gaza und Paulus Silentiarius*, Kunstbeschreibungen Justinianischer Zeit, Leipzig 1912.
Fusillo, Massimo, *Il tempo delle Argonautiche*, Ed. dell'Ateneo, Roma 1985, pp. 289-312.
Gentili, Bruno, *Poesia e pubblico nella Grecia antica. Da Omero al V secolo*, Roma-Bari 1984.
Gorgia, *Elena*, 18, in Diels, Hermann, & Walther Kranz (eds.), *Die Fragmente der Vorsokritiker*, Berlin (a cura di Auguste Raabe).
Gostoldi, Antonietta, Omero, Iliade, pp. 984-98, Ed. Rizzoli, Milano 2003.
Guidorizzi, Giulio, *Anonimo, Il Sublime*, a cura di G. Guidorizzi, Milano 1996.
Kerengyi, Karoly, *Agalma, eikon, eidolon*, in "Archivio di Filosofia", I, 1962, Ed. Serra Roma.

Kreiger, Murray, *Ekphrasis: The Illusion of the Natural Sign*, John Hopkins University Press, Baltimore 1992.
Heffernan, James W.A., *Ékphrasis and Representation*, New Literary History, Vol. 22, No. 2, Art, Criticism, Genre, 1991.
Id., *Museum of Words. The Poetics of Ekphrasis from Homer to Ashbery*, Chicago, Chicago UP, 1993.
Hesiodi *'Theogonia', 'Opera et Dies', 'Scutum'*, Fragmenta selecta, F. Solmsen, R. Merkelbach, M.L. West (ed. by), Un. Press, Oxford 1970.
Irmscher, Johannes, *Justinian als Bauherr in der Sicht der Literatur*, in *Klio*, LIX, 1977, pp. 225-229.
Lanata, Giuliana, *Poetica preplatonica: testimonianze e frammenti*, Ed. La Nuova Italia, Firenze 1963.
Làudani, Maria, *Nomi e luoghi nell'Epopea di Dighenìs Akritis*, "Rivista Internazionale di Onomastica letteraria "Il Nome del Testo XV", Annata (2013"), pp. 120-137.
Lessing, Gotthold Ephraim, *Laokoon: oder über die Grenzen der Mahlerey und Poesie. Mit beyläufigen Erläuterungen verschiedener Punkte der alten Kunstgeschichte,* Berlin 1766 (bei Christian Friedrich Voß).
Luciano di Samosata, *Descrizioni di opere d'arte*, (a cura di S. Maffei), Ed. Einaudi, Torino 1997.
Luciano di Samosata, Ἡρόδοτος ἢ Ἀετίων, parr. 4-6. In: "Opere di Luciano voltate in italiano da Luigi Settembrini" Ed. Felice Le Monnier; Firenze.
Maffei, Sonia, *Una ricostruzione impossibile: le nozze di Alessandro e Roxane di Aezione,* in Ricerche di Storia dell'Arte, XXX, 1986.
Maguire, Henry P., *Truth and Convention in Byzantine Descriptions of Works of Art,* in *DOP*, XXVIII, 1974, pp. 113-140.
Manakidou, Flora, *Beschreibung von Kunstwerken in der hellenistischen Dichtung: ein Beitrag zur hellenistischen Poetik*, Stuttgart 1993.
Montanari, Franco, *Ecfrasi e verità storica nella critica di Luciano,* in" Ricerche di Filologia classica", II, 1984, pp. 111-123.
Mureddu, Patrizia, *Quando l'epos diventa maniera: lo Scudo di Eracle pseudo-esiodeo*, in "Lexsis" n. 33, 2015, Poetica, retorica e comunicazione nella tradizione classica, pp. 57-70; Ed. Adolf M. Hakkert.
Nicosia, Salvatore, *Teocrito e l'arte figurata* (Quaderni dell'Istituto di Filologia Greca dell'Università di Palermo), Palermo 1968.
Pausania, Περιήγησις τῆς Ἑλλάδος (*Periegesi della Grecia*), V, 17-19, a cura di Gianfranco Maddoli e Vincenzo Saladino, Einaudi, Bologna 2007.
Pindaro, *Nemea V.*
Platone, *Cratilo.*
Plutarco, *De gloria Atheniensium.*

Pulhom, Walter, *Archäologischer Kommentar zu Paulos Silentiaros*, in O. Veh (ed.), *Procopius Caesariensis, Werke-Paulus Silentiarius Beschreibung der Hagia Sophia und Beschreibung des Ambon*, Monaco 1977, pp. 475-510;

Charles Segal, *Gorgias and the Psycology of the logos*, in "Harvard Studies in Classical Philology", 66, 1962.

Senofonte, *Memorabilia*, III.

Teocrito, *Idillio XV*, 78-86.

Venti, Paolo, *Per un'indagine sulla formularità dello 'Scudo di Heraklès'*, Lexis 7-8, 1991.

Vetters, H.erbert,*Die Neapler "Galleria", zu Philostrat, Eikones I 4*, in *OJh*, L, 1972-73, pp. 223-228;

Virgilio, *Eneide*, VIII, 616-731.

Griselda e ser Ciappelletto, due opposti che si toccano nel contesto mediterraneo del *Decameron*

Roberta Maugeri

La novella di Griselda, narrata da Dioneo, ultima della giornata X e dell'intero *Decameron* di Giovanni Boccaccio, ha costituito da sempre un vero e proprio rompicapo per gli studiosi, non solo a causa del singolare comportamento della sua protagonista, che accetta con un'ubbidienza e una devozione inverosimili le brutali prove del marito, ma anche per via della sua particolare 'posizione': infatti, la collocazione di questo racconto alla fine dell'*opera magna* di Boccaccio, in un certo senso, impone il confronto con la novella di ser Ciappelletto (prima della giornata I), raccontata da Panfilo.

Griselda e Ciappelletto sono due personaggi chiaramente antitetici, in qualche modo esemplari e in ugual misura controversi.

Ser Ciappelletto da Prato è definito dallo stesso Boccaccio / Panfilo "il piggiore uomo forse che mai nascesse"[1] poiché, in quanto notaio, egli dovrebbe essere un garante della giustizia, ma in realtà si propone come un antimodello di dissolutezza e malvagità: Ciappelletto è un truffatore, un assassino, un fomentatore di inimicizie, un peccatore di gola, un bestemmiatore, un frequentatore di taverne e luoghi di malaffare, e, per di più, un omosessuale e sodomita risaputo.

Tuttavia, è possibile ravvisare in questo personaggio anche alcune caratteristiche positive.

Giusi Baldissone, ad esempio, evidenzia la grande abilità con cui Ciappelletto si serve dell'arte della parola per beffare lo sciocco frate venuto a confessarlo e trarre dagli impicci i due fratelli usurai che lo ospitano[2], divenendo il fautore del lieto fine della vicenda e ricevendo dopo la morte gli onori di un santo.

---

[1] Giovanni Boccaccio, *Decameron*, Vittore Branca, ed. (Milano: Mondadori, 2008) 34.
[2] Giusi Baldissone, "Il piacere di narrare a piacere. I giornata", in *Prospettive sul "Decameron"*, Giorgio Barberi Squarotti, ed. (Torino: Tirrenia stampatori, 1989) 9 e ss.

Carlo Muscetta considera ser Ciappelletto semplicemente il simbolo della nascente società mercantile, interessata esclusivamente agli affari e alle questioni terrene[3].

Griselda, al contrario, nella 'gara delle cortesie'[4] che i novellatori ingaggiano nella giornata X è presentata come il più alto modello di magnificenza. Figlia del povero Giannucole ed elevata a nobildonna dal matrimonio con Gualtieri, marchese di Saluzzo, essa supporta "senza mutar viso"[5] le innumerevoli vessazioni che il marito le infligge col solo scopo di mettere alla prova la sua obbedienza: dal denudamento in pubblico[6] alle continue offese per le sue umili origini, alla presunta uccisione dei due figli[7], al ripudio (con tanto di carte papali false), alle supposte nuove nozze di Gualtieri[8].

Eppure, proprio la generosità incondizionata di Griselda, al confine, in effetti, con una remissività che ha dell'assurdo, ha diviso in due la critica.

Tra gli studiosi che hanno fornito un'interpretazione positiva di questa "pastorella-marchesa" si annovera primo tra tutti Vittore Branca, secondo il quale Griselda costituirebbe un'incarnazione terrena della Vergine Maria[9], che Boccaccio avrebbe volutamente contrapposto a ser Ciappelletto, peccatore per antonomasia.

Luciano Rossi, pur contestando l'assimilazione di Griselda alla Madonna attuata da Branca, considera questo personaggio l'unico vero esempio di magnificenza della giornata X[10].

Infine, Andrea Manganaro definisce Griselda una donna consapevole della "propria dignità" e della propria "alterità sociale"[11], condizioni che l'hanno resa in grado di supportare le avversità.

---

[3] Cfr. Carlo Muscetta, *Giovanni Boccaccio* (Roma-Bari: Laterza, 1974) 180-181.
[4] Cfr. Luigi Surdich, *Boccaccio* (Bologna: Il Mulino, 2008) 64.
[5] Giovanni Boccaccio, *Decameron, op. cit.*, 896.
[6] Quando Gualtieri prende in moglie Griselda, la fa denudare davanti a tutto il suo seguito dei panni di pastorella e le fa indossare le vesti da marchesa.
[7] In realtà i due bambini vengono mandati a Bologna presso una parente di Gualtieri.
[8] Quella che dovrebbe essere la nuova moglie di Gualtieri è la figlia, ormai cresciuta e richiamata a casa dal padre, assieme al fratello.
[9] Cfr. Vittore Branca, *Boccaccio medievale* (Milano: BUR Rizzoli) 126-134.
[10] Luciano Rossi ritiene che Griselda non possa essere assimilata alla vergine Maria per via del rapporto "carnalissimo" che intrattiene col marito Gualtieri; cfr. "La maschera della magnificenza amorosa: la decima giornata", in *Introduzione al "Decameron"*, Michelangelo Picone e Margherita Mesirca, eds. (Firenze: Franco Cesati Editore, 2004) 283.
[11] Andrea Manganaro, "*L'altra che vostra fu*. L'alterità nella novella di Gualtieri e Griselda

Un gruppo di studiosi si è, invece, pronunciato 'a sfavore' della protagonista della novella X, 10. Luigi Russo fornisce un'esau-stiva rassegna che comincia già con Francesco De Sanctis, il quale coglie in Griselda la rinuncia totale al sentimento e alla propria personalità.

Conferma questa linea di pensiero Adolf Gaspary, secondo cui Griselda si riduce ad un fantoccio che di donna ha soltanto la parvenza.

Vincenzo Pernicone, nel tentativo di riscattare la novella, afferma che Griselda costituisce in realtà solo una figura di sfondo su cui si sfoga il dispotismo feudale e capriccioso del marchese Gualtieri, vero centro del racconto.

Lo stesso Russo, infine, definisce Griselda una "donna remissiva fino all'assurdo, tale da apparire un carattere disumano"[12].

Ad ogni modo, per quanto si sia ampiamente dibattuto e siano stati versati fiumi d'inchiostro, l'interpretazione del personaggio di Griselda resta tutt'ora una questione aperta, definita da Elisabetta Menetti "l'enigma di Giovanni Boccaccio"[13]. Significativo anche il titolo dell'illustre portale di letteratura *griseldaonline*.

Si ritiene che il tema della sesta edizione del convegno ericino, quello delle "Memorie mediterranee", rappresenti uno spunto fecondo per soffermarsi sui protagonisti delle novelle I, 1 e X, 10 ancora una volta, ma in una prospettiva diversa, che accantoni le possibili motivazioni sociologiche e moralistiche del *Decameron*.

Punto di partenza sarà piuttosto il carattere realistico del capolavoro boccacciano, evidenziato da Giuseppe Petronio[14], che si manifesta anche e soprattutto nell'ambientazione della maggior parte delle novelle nel bacino del Mediterraneo, mare che "ha le stesse caratteristiche dell'Oceano, con la sua capacità di inghirlandare le terre che bagna e di estendersi verso est tra lidi opposti"[15].

(*Decameron*, X, 10)", *Le forme e la storia* VIII.2 (2015): 582; a riguardo cfr. anche Carlo Muscetta, Giovanni Boccaccio, op. cit., 298.

[12] Cfr. Luigi Russo, *Letture critiche del "Decameron"* (Bari: Laterza, 1956) 362 e ss., con riferimenti bibliografici.

[13] Cfr. http://www.griseldaonline.it/chi-siamo/griselda-enigma-boccaccio.html.

[14] Cfr. Giuseppe Petronio, *Il "Decamerone"* (Roma-Bari: Laterza, 1935) 37-38: lo studioso asserisce che il *Decameron* sia un'opera assolutamente scevra da preconcetti morali e religiosi.

[15] Roberta Morosini, "Introduzione", in *Boccaccio veneto. Settecento anni di incroci mediterranei a Venezia*, Luciano Formisano e Roberta Morosini, ed. (Roma: Aracne editrice, 2015) 12.

La cultura mediterranea pervade il *Decameron*. In particolare, dall'Oriente giungono elementi favolosi e personaggi che, pur nella loro diversità etnica, hanno lo stesso valore degli altri. Volendo citare alcuni tra gli esempi più eloquenti: il giudeo Melchisedech (I, 3), raccontando la storia dei tre anelli, afferma il principio della tolleranza religiosa; il sultano di Alessandria (II, 9) è l'unico a riconoscere e a premiare il valore di madonna Zinevra, dopo che anche il di lei marito, Bernabò, ha cercato di ucciderla. Caso eclatante quello del Saladino (X, 9), che è addirittura incluso tra i personaggi magnanimi della giornata X: egli è un monarca "valentissimo"[16] e "accortissimo"[17], che si circonda di "savi uomini"[18], emana da sé nobiltà anche travestito da mercante e intuisce subito le intenzioni 'gentili' di messer Torello di Stra, del quale diviene un grande amico, nonostante il contesto sfavorevole della terza crociata.

Quanto rilevato sembra far emergere con decisione una forma che si mostra solo a tratti, ma che in realtà soggiace all'intero *Decameron*: quella, cioè, del cerchio in cui i dieci giovani si dispongono per novellare: "si puosero in cerchio a sedere" (Boccaccio, 31). Non sarà un caso che tale immagine sia stata recentemente evocata anche da Lucia Battaglia Ricci, la quale, mettendo a confronto ser Ciappelletto non con Griselda ma con Gualtieri, parla di "una duplice prospettiva di lettura, che chiude il cerchio dell'opera"[19].

Per definizione il cerchio è una figura priva di spigoli, le cui linee si annullano l'una nell'altra, e da sempre ha rappresentato presso le civiltà i principi della compiutezza, dell'unione e soprattutto dell'uguaglianza. Celeberrima, ad esempio, è la Tavola Rotonda alla quale siedono re Artù e i suoi cavalieri per discutere le questioni del regno di Camelot, e il cui scopo è impedire le discriminazioni di rango: infatti, non essendoci un capotavola, tutti i posti sono uguali, compreso quello del re.

Volendo, dunque, immaginare il *Decameron* come un cerchio in cui siano parimenti benvenute tutte le verità dell'uomo, sarebbe interessante verificare se Ciappelletto e Griselda, che si trovano alle estremità di tale cerchio, possano effettivamente fluire l'uno nell'altra, rivelando nuove analogie,

---

[16] Giovanni Boccaccio, *Decameron, op. cit.*, 873.
[17] Ivi, 874.
[18] Ivi, 873.
[19] Lucia Battaglia Ricci, "*Decameron*, X, 10: due modelli etici a confronto", *Italianistica*, XLII, n. 2 (2013): 90.

o magari differenze che non vadano necessariamente a scapito di Ciappelletto e a vantaggio di Griselda.

Contrariamente alle aspettative, i due personaggi possiedono diverse caratteristiche comuni.

Innanzitutto, entrambi sono oggetto di una scelta bizzarra, che accolgono positivamente. Ser Ciappelletto, infatti, viene incaricato di riscuotere i crediti di messer Musciatto Franzesi in Borgogna proprio in virtù della sua indole perversa, che lo rende l'unico in grado di fronteggiare gli sleali borgognoni:

> Venuto adunque questo ser Cepparello nell'animo a messer Musciatto, il quale ottimamente la sua vita conosceva, si pensò il detto messer Musciatto costui dovere esser tale quale la malvagità de' borgognoni il richiedea.[20]

Griselda viene scelta come moglie da Gualtieri, il quale, costretto dai suoi parenti a sposarsi, quasi per far loro un dispetto decide di convolare a nozze con una donna di classe sociale diversa dalla sua:

> Ma poi che pure in queste catene vi piace d'annodarmi [...] voi proverete con gran vostro danno quanto grave mi sia l'aver contra mia voglia presa moglie a' vostri prieghi.[21]

Sia Ciappelleto sia Griselda, inoltre, sono vittime di un destino crudele: Ciappelletto si ammala gravemente e muore; Griselda affronta anni di dolori e sofferenze prima di potersi godere la meritata felicità.

Altro tratto che accomuna i due personaggi è la consapevolezza di sé. Come Ciappelletto è perfettamente cosciente di aver commesso innumerevoli crimini ("Io ho, vivendo, tante ingiurie fatte a Domenedio"[22]), così Griselda pensa di non meritare il matrimonio con Gualtieri per via delle sue umili origini ("Signor mio, io conobbi sempre la mia bassa condizione alla vostra nobiltà in alcun modo non convenirsi"[23]).

Infine, ambedue le figure sono inequivocabilmente terrene e conoscono bene l'universo del corpo e del sesso. Ciappelletto è dichiaratamente omo-

---

[20] Giovanni Boccaccio, *Decameron*, op. cit., 35.
[21] Ivi, 893.
[22] Ivi, 37.
[23] Ivi, 899.

sessuale ("Delle femine era così vago come sono i cani de' bastoni; del contrario più che alcun altro tristo uomo si dilettava"[24]). Sul rapporto carnale che Griselda intrattiene col marito si è già soffermato Luciano Rossi[25], ma si potrebbe anche andare oltre, affermando che la donna giunge ad evocare con le parole l'atto sessuale quando, ripudiata, chiede a Gualtieri di poter ritornare alla casa paterna non nuda, ma con addosso una camicia:

> se voi giudicate onesto che quel corpo nel quale ho portati i figliuoli da voi generati sia da tutti veduto, io me n'andrò ignuda; ma io vi priego, in premio della mia verginità che io ci recai e non ne la porto, che almeno una sola camiscia sopra la dota mia vi piaccia che io portar ne possa.[26]

Lo stesso denudamento che Griselda subisce nel momento in cui Gualtieri la prende in moglie, al di là dei possibili valori simbolici o della funzione di oltraggio alla femminilità[27], suggerisce che il corpo costituisca un canale di comunicazione privilegiato tra due coniugi di condizione sociale tanto diversa.

Si potrebbe, perciò, ipotizzare che nella realtà variegata del *Decameron* Ciappelletto e Griselda rappresentino i due aspetti dell'*eros*: quello omosessuale (Ciappelletto) e quello eterosessuale (Griselda).

Per quanto concerne, invece, le differenze tra Ciappelletto e Griselda, a livello testuale il primo fattore che salta all'occhio è l'enorme 'squilibrio' tra la presentazione dello scellerato mercante e quella della generosa pastorella-marchesa.

L'ingresso di ser Ciappelletto sulla scena, difatti, è preceduto da una descrizione lunghissima, in cui il novellatore Panfilo spiega persino l'etimologia del nome Ciappelletto:

> E sopra questa essaminazione pensando lungamente stato, gli venne a memoria un ser Cepparello da Prato, il qual molto alla sua casa in Parigi si riparava. Il quale, per ciò che piccolo di persona era e molto assettatuzzo, non sappiendo li franceschi che si volesse dire Cepparello, credendo che

---

[24] Ivi, 34.
[25] Cfr. *infra*.
[26] Boccaccio, *Decameron, op. cit.*, 893.
[27] Cfr. Giovanna Angeli, "Il corpo di Griselda", in *Corpo e cuore*, Patrizia Caraffi, ed. (Bologna: I Libri di Emil, 2012) 67-86.

'cappello', cioè 'ghirlanda', secondo il loro volgare, a dir venisse, per ciò che piccolo era come dicemmo, non Ciappello, ma Ciappelletto il chiamavano; e per Ciappelletto era conosciuto per tutto, là dove pochi per ser Cepperello il consciano.

Era questo Ciappelletto di questa vita: egli, essendo notaio, avea grandissima vergogna quando uno de' suoi strumenti (come che pochi ne facesse) fosse altro che falso trovato; de' quali tanti avrebbe fatti di quanti fosse stato richiesto, e quelli più volentieri in dono che alcun altro grandemente salariato. Testimonianze false con sommo diletto diceva, richiesto e non richiesto; e dandosi a que' tempi in Francia a' saramenti grandissima fede, non curandosi fargli falsi, tante quistioni malvagiamente vincea a quante a giurare di dire il vero sopra la sua fede era chiamato. Aveva oltre modo piacere, e forte vi studiava, in commettere tra amici e parenti e qualunque altra persona mali e inimicizie e scandali, de' quali quanto maggiori mali vedeva seguire tanto più d'allegrezza prendea. Invitato ad un omicidio o a qualunque altra rea cosa, senza negarlo mai, volenterosamente v'andava; e più volte a fedire e ad uccidere uomini colle proprie mani si trovò volentieri. Bestemmiatore di Dio e de' santi era grandissimo; e per ogni piccola cosa, sì come colui che più che alcun altro era iracundo. A chiesa non usava giammai; e i sacramenti di quella tutti, come vil cosa, con abominevoli parole scherniva; e così in contrario le taverne e gli altri disonesti luoghi visitava volentieri e usavagli.

Delle femine era così vago come sono i cani de' bastoni; del contrario più che alcun altro tristo uomo si dilettava. Imbolato avrebbe e rubato con quella consienzia che un santo uomo offerrebbe. Gulosissimo e bevitore grande, tanto che alcuna volta sconciamente gli facea noia. Giuocatore e mettitor di malvagi dadi era solenne. Perché mi distendo io in tante parole? Egli era il piggiore uomo forse che mai nascesse.[28]

Ser Ciappelletto appare paradossalmente come una figura grandiosa, quasi un *deus ex machina*.

Viceversa, Griselda è presentata da Dioneo con pochissime parole:

Erano a Gualtieri buona pezza piaciuti i costumi d'una povera giovinetta che d'una villa vicina a casa sua era, e parendogli bella assai, estimò che con costei dovesse aver vita assai consolata.[29]

---

[28] Giovanni Boccaccio, *Decameron*, op. cit., 33-34.
[29] Ivi, 893.

In questo caso, il lettore si trova davanti ad una figura marginale e per di più senza nome. Dioneo specifica che la ragazza scelta da Gualtieri si chiama Griselda solo quando il marchese si rivolge a lei direttamente per chiederle dove sia suo padre:

> E giunti a casa del padre della fanciulla, e lei trovata che con acqua tornava dalla fonte in gran fretta, per andar poi con altre femine a veder venire la sposa di Gualtieri, la quale come Gualtieri vide, chiamatala per nome, cioè Griselda, domandò dove il padre fosse.[30]

Una seconda differenza riguarda il modo in cui i due personaggi decameroniani reagiscono alla scelta di cui sono oggetto da parte rispettivamente di messer Musciatto e del marchese di Saluzzo. Sebbene, come si è detto, entrambi accettino il ruolo cui sono designati, ser Ciappelletto prende una decisione libera e consapevole: egli si assume l'incarico di riscuotere i crediti di messer Musciatto perché si trova in difficoltà economiche:

> Ser Ciappelletto, che scioperato si vedea e male agiato delle cose del mondo e lui [messer Musciatto] ne vedeva andare che suo sostegno e ritegno era lungamente stato, senza niuno indugio e quasi da necessità costretto si diliberò, e disse che volea volentieri.[31]

Ciappelletto, cioè, pensa al proprio utile e al proprio tornaconto personale.

Al contrario, Griselda sembra farsi travolgere dalla proposta di matrimonio del marchese e dalle sue assurde pretese di obbedienza:

> e [Gualtieri] domandolla se ella sempre, togliendola egli per moglie, s'ingegnerebbe di compiacergli e di niuna cosa che egli dicesse o facesse non turbarsi, e se ella sarebbe obediente e simili altre cose assai, delle quali ella a tutte rispose di sì.[32]

Dunque, Ciappelletto si configura come un personaggio 'attivo', Griselda come una figura 'passiva', schema che pare confermato dai diversi atteggiamenti che i due personaggi tengono nei confronti rispettivamente dei due usurai e dei due figli. A tal proposito non sarà forse casuale la ripetizio-

---

[30] Ivi, 894-895.
[31] Ivi, 35.
[32] Ivi, 895.

ne del numero due. Com'è noto, ser Ciappelletto si pronta per aiutare i due fratelli usurai, che in fin dei conti per lui sono degli estranei, prendendo l'iniziativa e dando delle disposizioni precise:

> Io ho, vivendo, tante ingiurie fatte a Domenedio, che, per farnegli io una ora in su la mia morte, né più ne meno farà; e per ciò procacciate di farmi venire un santo e valente frate, il più che aver potete, se alcun ce n'è; e lasciate fare a me, ché fermamente io acconcerò i fatti vostri e' mei in maniera che starà bene e che dovrete esser contenti.[33]

Viceversa, Griselda consegna senza batter ciglio i figli al servitore venuto a portarli via per ucciderli. Prima è la volta della bambina:

> prestamente presala della culla e basciatala e benedetola, come che gran noia nel cuor sentisse, senza mutar viso in braccio le pose il famigliare e dissegli: "Te', fa compiutamente quello che il tuo e mio signore t'ha imposto, ma non la lasciar per modo che le bestie e gli uccelli la divorino, salvo se egli nol ti comandasse".[34]

Poi viene il turno del bimbo:

> [...] della qual cosa la donna né altro viso né altre parole fece che della fanciulla fatte avesse.[35]

Anche ammettendo che la magnanimità di Griselda risieda in questa passività, non è difficile riscontrare nel *Decameron* altri esempi di donne virtuose di gran lunga più dinamiche.

Nella novella 9 della stessa giornata X spicca la figura di madonna Adalieta, innamoratissima del marito messer Torello e sempre a lui fedele.

Spaziando nelle altre giornate, ben noto è il caso di Lisabetta da Messina (IV, 5) che per il suo amore spezzato (Lorenzo) piange fino a morire. Quella di Lisabetta è certamente una ribellione limitata al pianto, ma pur sempre una ribellione.

Straordinario è, poi, il temperamento di Madonna Zinevra (II, 9), moglie di Bernabò da Genova, che possiede qualità prettamente femminili (la

---

[33] Ivi, 37.
[34] Ivi, 897.
[35] Ivi, 898.

bellezza, la dimestichezza col telaio) ma anche capacità tipicamente maschili: sa far di conto, andare a cavallo e, addirittura, cacciare col falcone. Madonna Zinevra si rifiuta di essere uccisa dal marito per una colpa che non ha commesso, scappa di casa travestita da uomo e prende servizio presso il Sultano di Alessandria col nome di Sicurano.

Infine, non bisogna tralasciare le considerazioni conclusive dei novellatori.

Nelle parole di Panfilo, il quale non esclude che Ciappelletto dopo la morte possa essere finito davvero in Paradiso e non all'Inferno, si potrebbe cogliere una nota di compiacimento nei confronti di un personaggio talmente astuto da farla in barba a tutti: al frate confessore, ai fedeli e magari anche al Creatore.

Allo stesso modo non è da escludere che Dioneo rivolga un rimprovero ironico a Griselda quando dice che Gualtieri avrebbe ben meritato di sposare una donna che, una volta cacciata di casa, si fosse trovata un amante e ci avesse ricavato una bella veste[36].

Cosa pensare, allora, di due estremi quali ser Ciappelletto e Griselda? Fino a che punto è negativo l'uno ed è positiva l'altra? L'unica risposta che ci si sente di avanzare è che, comunque, entrambi siedono alla 'tavola rotonda' del *Decameron*: ser Ciappelletto potrebbe costituire tanto l'antimodello del peccatore quanto un artista della parola. Allo stesso modo, Griselda potrebbe rappresentare tanto l'emblema della virtù, quanto il totale annullamento della femminilità[37]. Gli opposti del cerchio si annullano l'uno nell'altra.

BIBLIOGRAFIA

Barberi Squarotti, Giorgio, ed. *Prospettive sul* Decameron, Torino: Tirrenia stampatori, 1989.

Battaglia Ricci, Lucia. *Boccaccio*. Roma: Salerno Editrice, 2006.

_____. "*Decameron*, X, 10: due 'verità' e due modelli etici a confronto", *Italianistica. Rivista di letteratura italiana*, XLII. n. 2 (2013): 79-90.

---

[36] A riguardo cfr. anche Nicolò Mineo, "*Decameron, X, 10*: Dioneo e la 'magnificenza' invalidata", *Le forme e la storia*, VI, 2 (2013): 87-97.

[37] Sull'atteggiamento ambivalente di Boccaccio verso le figure femminili cfr. Estela Gonzàlez, "La mujer en la obra de Giovanni Boccaccio. De la exaltación femenina del *Decamerón* a la misoginia del *Corbaccio*", in *Boccaccio e le donne*, Estela Gonzàlez e Maria Mercedes Gonzàlez, eds. (Roma: Aracne editrice, 2014) 59-71.

Boccaccio, Giovanni. *Decameron*, a cura di Vittore Branca. Milano: Mondadori, 2008.
Branca, Vittore. *Boccaccio medievale*. Milano: Rizzoli, 2010.
Caraffi, Patrizia, ed. *Corpo e cuore*, Bologna: I Libri di Emil, 2012.
Formisano, Luciano e Roberta Morosini, eds. Morosini, *Boccaccio veneto. Settecento anni di incroci mediterranei a Venezia*, Atti del Convegno Internazionale, Venezia, 20/22 Giugno 2013. Roma: Aracne editrice, 2015.
Gaspary, Adolf. *Storia della letteratura italiana*. Torino: Ermanno Loescher, 1981, [traduzione a cura di V. Rossi], vol. II.
González, Estela e Maria Mercedes González, eds. *Boccaccio e le donne*. Roma: Aracne editrice, 2014.
Manganaro, Andrea. "L'altra che vostra fu". L'alterità nella novella di Gualtieri e Griselda (*Decameron*, X, 10)", *Le forme e la storia*, n.s. VIII, 2 (2015): 577-594.
Mineo, Nicolò. "*Decameron*, X, 10: Dioneo e la 'magnificenza' invalidata, *Le forme e la storia*, n.s. VI, 2 (2013): 87-97.
Muscetta, Carlo. *Giovanni Boccaccio*. Roma-Bari: Laterza, 1974.
Pernicone, Vincenzo. "La novella del marchese di Saluzzo", *La cultura*, XI (1930): 961-974, (poi Dillon Wanke, Matilde, ed. *Studi danteschi e altri saggi*. Genova: Università degli Studi di Genova, 1984).
Petronio, Giuseppe. *Il Decamerone*. Roma-Bari: Laterza, 1935.
Picone Michelangelo e Mesirca Margherita, eds. *Introduzione al "Decameron"*. Firenze: Franco Cesati Editore, 2004.
Russo, Luigi. *Letture critiche del "Decameron"*. Bari: Laterza, 1956.

Index of Names

Achille 147, 151, 156, 160, 162
Africano, Costantino 50, 54
Alaimo, Roberto 129
Alfallipe, Orazio 5
Alfano I 49
Alvaro, Corrado 113
Amendola, Stefano 158
Andersen, Lene 155
Anderson, Graham 167
Andò, Valeria 172
Anfione 162
Anfossi, Quinto 19, 26
Antigone 29
Apollonio, Rodio 163, 165
Apuleio 51
Aquinas, St. Thomas 39
Aristarco, Guidoe 114
Aristotele 16, 54, 101, 150, 171
Asor Rosa, Alberto 20, 22, 24
Avallone, Riccardo 62

Bachtin, Michail 140-1
Baldissone, Giusi 175
Barberi Squarotti, Giorgio 175
Barolini, Helen 66
Bartholomaeus Mini 53
Battaglia Ricci, Lucia 178
Baudelaire, Charles 88
Bennis, Mohammed 84-5
Benussi, Cristina 21
Berking, Helmuth 45
Boccaccio, Giovanni 87, 175-84
Bolzoni, Attilio 77-78
Borges, Jorge Luis 1
Bosinelli, Bollettier 67, 79
Braginskaja, Nina Vladimirovna 172
Branca, Vittore 175, 176
Brancacci, Aldo 149-50
Branciforte, Suzanne 66

Branham, Bracht R. 167
Breda, Nadia 87
Brodskij, Josif 100
Brullo, David 129
Bucciantini, Massimo 19
Bufalino, Gesualdo 127
Burckhardt, J. 98
Buttiglione, Rocco 27

Caisotti 20-1, 24-5
Calaciura, Giosuè 137
Calipso 30
Callimaco 164-5
Calvino, Italo 19-26, 107, 111
Camilleri, Andrea 5-6, 10-5, 129, 135
Capra, Franklin 115
Capone, Paola 62
Capparoni, Pietro 62
Capuano, Romolo 134
Caraffi, Patrizia 180
Caretti, Lanfranco 25
Carroll, Michael 41
Casillo, Robert 66
Cassano, Franco 83-85, 91, 93-103, 105
Cauti, Camille 66
Cebes Tebano 86
Ceno, Giovanna 129
Cerri, Giovanni 152-3
Cesare, Giulio 136
Chabod, F. 99
Chaplin, Charlie 115
Chase, George H. 159
Cherubini, Lorenzo 25
Chiavarone, Matteo 130, 132
Cinotto, Simone 66-7
Cometa, Michele 150
Comune, Antonino 129, 142

Index of Names

Coppola, Francis Ford 68
Cosco, Joseph 47
Cosentino, Domenico 137
Cuffaro, Amalia 11
Curione, G. 55

D'Ambra, Lucio 129
d'Aragona, Federico 55
D'Amato, Marina 140
da Milano, Giovanni 55
da Villanova, Arnaldo 53, 55-7
Damiani, Damiano 117
Dante 14, 31, 128
De Caro, Carla 142
De La Combe, Pierre Judet 159
De Laurentiis, Dino 113
De Luca, Erri 90
De Maria, F. 100
De Niro, Robert 68
De Paulis-Dalembert, Maria Pia 135
De Renzi, Salvatore 55-6, 61
De Roberto, Federico 5
De Sanctis, Franceso 177
De Stefano, George 68, 77-8
Derrida, Jacques 98
di Egina, Paolo 51
di Lampedusa, Tomasi 127-8
Di Gesù, Matteo 2-3, 127, 161
di Tralle, Alessandro 51
Diner, Hasia R. 67
Dioniso 29, 161, 164
Dionysiaca 161-3
Dioscorid 51
Dowling, Doris 119
Durkheim, Émile 131

Eckert, Elgin K. 144
Edipo 29
Eggers, Dave 33
Empedocle 96, 149
Enea 31, 83, 106, 110, 151
Ermogene 150

Eroda 165
Eschilo 30, 158-9

Faedo, Lucia 167
Falaschi, Giovanni 26
Fatta, Pietro 7
Ferlita, Salvatore 1-2
Fernandez, Dominque 2
Flaiano, Ennio 114
Floridus, Macer 57
Ford, John 115
Formisano, Luciano 177
Franzesi, Musciatto 179
Friedländer, Paul 150, 161
Fusillo, Massimo 165

Gabriella 119-20
Galeno 51-2, 54
Gambacorta, Gorgias 62
Gaspary, Adolf 177
Gassman, Vittorio 119, 125
Gemelli Marciano, M. L. 102-3
Gentili, Bruno 149
Gherli, Filvio 49
Gilbert, Sandra M. 39
Giuliani, Francesco 92
Giunta, Edvige 66
Goethe, Johann Wolfgang von 32
González, Estela 184
González, Maria Mercedes 185
Gorgia, Elena 149
Gostoldi, Antonietta 152
Goyan, Kittler 65
Grasso, Giovanni 128
Gualtieri, Quando 176-84
Guerrera, Giuseppe. 25
Guerrieri, Guerriera 62
Guidorizzi, Giulio 158
Guttadauro, Giuseppe 78

Hauck-Lawson, Annie 79
Hawks, Howard 115

Index of Names

Heffernan, James W.A. 151
Hegel 98, 100, 102
Heidegger, Martin 33
Hesiodi 'Theogonia' 155
Hill, Henry 78-79
Hooper, John 65
Hornby, Simonetta Agnello 1-16
Huntington, S. 100

Imbornone, Jole Silvia 85
Inglese, Mario 138
Inzerillo, Rosalia 4
Irigaray, Luce 39-40
Irmscher, Johannes 169

Jelloun, Tahar Ben 83
Jesus Christ 41

Kavafis, Costantino 29, 34, 89-90
Kerengyi, Karoly 149
King, William 80
Kreiger, Murray 173
Kristeller, Paul 62
Kristeva, Julia 40

Lanata, Giuliana 149
Làudani, Maria 170, 190
Laurino, Maria 46
Leopardi, Giacomo 92
Lessing, Gotthold Ephraim 150
Lizzani, Carlo 113, 115, 119
Lojola, Davide 113
Luciano di Samosata 166-167
Lussu, Emiliano 106

Maccario, Mauro 88
Madonna, The 37-47
Maddoli, Gianfranco 168
Maffei, Sonia 167
Maguire, Henry P. 169
Malacorona, Rodolfo 49
Malpelo, Rosso 7

Manakidou, Flora 164
Manfredi, Valerio 111
Manganaro, Andrea 176
Mangano, Silvana 114, 121
Maraini, Dacia 7, 9, 13-14
Marciano, Rocky 131
Mesirca, Margherita 176
Martinengo, Maria Cristina 65
Matarazzo, Raffaello 116-7
McAllister, Elisabeth 43-44
McLaughlin, Martin 20
Mendelsohn, Daniel 33
Mesirca, Margherita 176
Milanini, Claudio 19
Mineo, Nicolò 184
Miss Mondina 120
Montale, Eugenio 88-89
Montanari, Franco 167
Moreau, Renato 55
Morello, Alessandro 86
Morosini, Roberta 177
Mozart, Wolfgang Amadeus 10
Murat, Gioacchino 50
Murcott, Anne 65
Mureddu, Patrizia 155-6
Musarra-Schrøder, Ulla 20
Muscetta, Carlo 176-7
Musi, Aurelio 50, 54, 56, 60
Musitelli, Sergio 62

Newell, Mike 68
Newmark, Peter 65
Nicosia, Salvatore 165
Nietzsche, Friedrich 47, 99, 102
Nigro, Paola 51, 54, 57, 59
Nitti, Francesco 106

Odisseo 29, 87
Oldoni, Massimo 62
Omero 29, 33, 148-9, 152-3, 156, 162
Orsi, Robert 37-38, 43-4

Index of Names

Palieri, Maria Seren 91
Palumbo, Matteo 88
Paolo II, Giovanni 27
Pasca, Maria 62
Pasolini, Pier Paolo 34, 86
Patti, Samuel J. 66
Pausania 168, 191
Pavese, Cesare 115
Pazzini, Adalberto 63
Pennacchio, Luigi G. 66, 91
Perilli, Ivo 113
Perilli, L. 102-3
Pernicone, Vincenzo 177
Perrone, Domenica 130
Petronio, Giuseppe 177
Picone, Micehlangelo 131, 133, 176
Pierantoni, Ruggero 19
Pindaro 149
Pirandello, Luigi 105, 107, 127-9
Pitrè, Giuseppe 129
Platone 91, 95-6, 102-3, 149
Plutarco 101, 149
Pope John Paul I 48, 68
Pope Pius X 37-38
Puccini, Gianni 113-115
Pulhom, Walter 169

Ragusa, Kym 37-47
Redford, Michael 106
Ricci, Lucia Battaglia 178
Rizzarelli, Maria 23
Rizzo, Giuseppe 127-143
Roberto II 54-56
Rocchietta, Sergio 63
Rodio, Apollonio 163, 165
Rogers, Ben 65
Romano, Rose 39, 79
Romeo, Caterina 48
Ronci, Alfredo 137
Rosi, Gianfranco 106
Rossi, Luciano 176
Russo, Luigi 177

Saba, Umberto 90
Safamita, Consstanza 5
Said, Edward 93
Saint Anthony 41
Saladino, Vincenzo 168, 178
Savattieri, Gaetano 127, 130
Savinio, Alberto 100
Scaldati, Framco 137
Scaparro, Maurizio 109-110
Schiavelli, Vincent 66
Schneider, Jane 77-78
Schneider, Peter 77-78
Schwenk, Jochen 47
Sciascia, Luigi 100, 127-8
Scorsese, Martin 68, 75, 78, 87, 88
Seferis, Giorgios 90
Segal, Charles 149
Segnini, Elisa 129
Seneca 94-5
Senofonte 149
Serao, Matilde 108-9
Serkowska, Hanna 129
Serpotta, Giacomo 10
Sgalambro, Manlio 142-3
Sherazade 83
Silvatico, Matteo 61
Simmel, Georg 131
Sinno, Andrea 50, 53
Socrate 30, 86, 96, 100, 149
Solone 101
Steets, Silke 47
Sudhoff, Karl 50
Surdich, Luigi 176

Tamburri, Anthony Julian 16, 47, 66-7
Tartamella, Vito 134
Taviani, Giovanna 105, 110
Tazio, Achille 165-6
Teocrito 165
Torresi, Ira 65-8, 73
Toynbee, A.J. 98

Index of Names

Ucrìa, Marianna 7, 9, 13
Ulisse 29-33, 83-90, 98, 105, 108, 110

Valéry, Paul 88
Vallone, Raf 119
Vásquez Montalbán, Manuel 1
Vecoli, Rudolf 42
Venti, Paolo 155-6
Verga, Giovanni 5, 10-2, 14, 127-9, 136
Vetters, Herbert 167
Vidor, King 115
Virgilio 30, 151
Visco, Sabato 63
Vitolo, Giovanni 50-1
Vittorini, Elio 13, 115
Vizmuller Zocco, Jana 145
Vulpes, Tarquinio 59

Weber, Max 131
Wickersheimer, Ernest 63

SAGGISTICA

Taking its name from the Italian—which means essays, essay writing, or non-fiction—*Saggisitca* is a referred book series dedicated to the study of all topics and cultural productions that fall under what we might consider that larger umbrella of all things Italian and Italian/American.

Vito Zagarrio
   The "Un-Happy Ending": Re-viewing The Cinema of Frank Capra. 2011. ISBN 978-1-59954-005-4. Volume 1.
Paolo A. Giordano, Editor
   The Hyphenate Writer and The Legacy of Exile. 2010. ISBN 978-1-59954-007-8. Volume 2.
Dennis Barone
   America / Trattabili. 2011. ISBN 978-1-59954-018-4. Volume 3.
Fred L. Gardaphè
   The Art of Reading Italian Americana. 2011. ISBN 978-1-59954-019-1. Volume 4.
Anthony Julian Tamburri
   Re-viewing Italian Americana: Generalities and Specificities on Cinema. 2011. ISBN 978-1-59954-020-7. Volume 5.
Sheryl Lynn Postman
   An Italian Writer's Journey through American Realities: Giose Rimanelli's English Novels. "The most tormented decade of America: the 60s" ISBN 978-1-59954-034-4. Volume 6.
Luigi Fontanella
   Migrating Words: Italian Writers in the United States. 2012. ISBN 978-1-59954-041-2. Volume 7.
Peter Covino & Dennis Barone, Editors
   Essays on Italian American Literature and Culture. 2012. ISBN 978-1-59954-035-1. Volume 8.
Gianfranco Viesti
   Italy at the Crossroads. 2012. ISBN 978-1-59954-071-9. Volume 9.
Peter Carravetta, Editor
   Discourse Boundary Creation (LOGOS TOPOS POIESIS): A Festschrift in Honor of Paolo Valesio. ISBN 978-1-59954-036-8. Volume 10.
Antonio Vitti and Anthony Julian Tamburri, Editors
   Europe, Italy, and the Mediterranean. ISBN 978-1-59954-073-3. Volume 11.
Vincenzo Scotti
   Pax Mafiosa or War: Twenty Years after the Palermo Massacres. 2012. ISBN 978-1-59954-074-0. Volume 12.

Anthony Julian Tamburri, Editor
Meditations on Identity. Meditazioni su identità. ISBN 978-1-59954-082-5. Volume 13.

Peter Carravetta, Editor
Theater of the Mind, Stage of History. A Festschrift in Honor of Mario Mignone. ISBN 978-1-59954-083-2. Volume 14.

Lorenzo Del Boca
Italy's Lies. Debunking History's Lies So That Italy Might Become A "Normal Country". ISBN 978-1-59954-084-9. Volume 15.

George Guida
Spectacles of Themselves. Essays in Italian American Popular Culture and Literature. ISBN 978-1-59954-090-0. Volume 16.

Antonio Vitti and Anthony Julian Tamburri, Editors
Mare Nostrum: prospettive di un dialogo tra alterità e mediterraneità. ISBN 978-1-59954-100-6. Volume 17.

Patrizia Salvetti
Rope and Soap. Lynchings of Italians in the United States. ISBN 978-1-59954-101-3. Volume 18.

Sheryl Lynn Postman and Anthony Julian Tamburri, Editors
Re-reading Rimanelli in America: Six Decades in the United States. ISBN 978-1-59954-102-0. Volume 19.

Pasquale Verdicchio
Bound by Distance. Rethinking Nationalism Through the Italian Diaspora. ISBN 978-1-59954-103-7. Volume 20.

Peter Carravetta
After Identity. Migration, Critique, Italian American Culture. ISBN 978-1-59954-072-6. Volume 21.

Antonio Vitti and Anthony Julian Tamburri, Editors
The Mediterranean As Seen by Insiders and Outsiders. ISBN 978-1-59954-107-5. Volume 22.

Eugenio Ragni
After Identity. Migration, Critique, Italian American Culture. ISBN 978-1-59954-109-9. Volume 23.

Quinto Antonelli
Intimate History of the Great War: Letters, Diaries, and Memoirs from Soldiers on the Front. ISBN 978-1-59954-111-2. Volume 24.

Antonio Vitti and Anthony Julian Tamburri, Editors
The Mediterranean Dreamed and Lived by Insiders and Outsiders. ISBN 978-1-59954-115-0. Volume 25.

Sabrina Vellucci and Carla Francellini, Editors
Re-Mapping Italian America: Places, Cultures, Identities. ISBN 978-1-59954-116-7. Volume 26.

Stephen J. Belluscio
> *Garibaldi M. Lapolla: A Study of His Novels.* ISBN 978-1-59954-125-9. Volume 27.

Antonio Vitti and Anthony Julian Tamburri, Editors
> *The Representation of the Mediterranean World by Insiders and Outsiders.* ISBN 978-1-59954-113-6. Volume 28.

Philip Balma and Giovanni Spani, Editors
> *Translating for (and from) the Italian Screen: Dubbing and Subtitles.* ISBN 978-1-59954-141-9. Volume 29.

www.ingramcontent.com/pod-product-compliance
Lightning Source LLC
Chambersburg PA
CBHW071003160426
43193CB00012B/1893